U0938564

# 買賣房產

## 一本通

伍國賢大律師、
周永勝會計師事務所有限公司
編著

萬里機構

# 推薦序

伍國賢大律師及周永勝會計師去年出版了《香港人在大灣區之遺產繼承一本通》一書，市場反應良好，並且舉行了多場此題目的講座。當時他們已表示會創作更多香港人關心大灣區內衣食住行的篇章。

今年他們繼續出版大灣區系列的另一本著作：《香港人在大灣區之買賣房產一本通》。

書籍在今年 3 月已完稿，書中內容很新穎，除了介紹買賣內地一二手樓的注意事項外，還以香港人的角度看購入內地房產的痛點：不用通過找換店，而可以合法通過銀行一次過把購房款匯款到內地；這方面的說明對讀者的裨益很大。

這本書除了討論一般買賣物業過程及注意事項外，書中亦詳細講解了內地公寓及住宅的分別、香港人在現有政策下購入住宅的優惠稅費、香港人購入內地房產的按揭及現契再融資的詳細手續，以及出租內地物業的各種詳細稅費討論等等。

除此之外，本書亦討論了很多內地房產前沿問題：包括土地使用權到期後注意事項、老人家在失去知覺前怎樣預先處理其內地房產（香港稱為持久授權書）及找人代持內地物業的風險等等。

這本書可以説是內地房產的百科全書，我向廣大讀者推薦這本新書《香港人在大灣區之買賣房產一本通》，希望本書能對香港人在大灣區退休及旅居生活起到積極的作用。

**鄭家成**

周大福慈善基金主席

新世界發展有限公司董事

2025 年 4 月 9 日

# 自序一

這是「香港人在大灣區生活」系列的第二本書。粵港澳大灣區由 11 個城市跟據《粵港澳大灣區發展規劃綱要》由 2019 年 2 月出台組成，包括內地 9 個城市及香港和澳門兩地。11 個城市各有發展歷史及背景，各自積極發揮所長、配合，必然裨益國家的發展大局。

粵港澳大灣區組成至今 6 年，在全球四大灣區（即東京灣區、粵港澳大灣區、紐約灣區及三潘市灣區）中，人口（8,700 萬人）及面積（5.6 萬平方公里）都是位居首位；且經濟表現亮麗，以 2023 年的 GDP（本地生產總值）（1.96 萬億美元）計算，與居於首位的灣區比較，差異不大。由於粵港澳大灣區人口眾多，採取開放創新政策，是以發展潛力巨大。11 個城市中，以 2023 年的 GDP 計算，深圳（4,891 億美元）、廣州（4,290 億美元）及香港（3,821 億美元）為粵港澳大灣區的三大城市。

隨着粵港澳大灣區的發展，近年不少港人到大灣區生活和就業，甚至移居當地或在當地置業退休。本書出版的目的，是為港人到大灣區置業提供一些資訊。各處鄉村各處例，內地和和香港在處理房產物業的要求和手續上各有不同，各位讀者有需要多加留意。舉例在香港，所有的房產物業買賣文件必須交由律師處理；在內地則買賣雙方可以自行處理，銀行一般是作為託管交易金額及批准按揭的角色去參與房產買賣交易。另外，購買住宅套房和公寓房也有區別，住宅套房多是用來住的，不是炒賣；至於內地公寓房可以作居住用途，價錢比住宅套房也便宜，不過公寓房的土地使用權限年期比住宅套房較短，以及業主的子女沒有入讀公寓房區學校的權利，等等。

本書出版得力於萬里機構出版有限公司副總編輯梁卓倫先生的編審及協助，又得到鄭家成先生推薦，以及各位團隊成員提供稿件，筆者在此鳴謝及致意。

伍國賢

# 自序二

伍國賢大律師及筆者去年一同編著了香港人在大灣區系列之《遺產繼承一本通》，市場反應十分熱烈，並且舉辦了多場分享演講會；席間大部分聽眾都圍繞內地房地產的事項查詢，故此今年我們一起再合著這本「前傳」:《買賣房產一本通》。

這是一本不一樣的講解內地房產的書籍，除了討論買賣手續及稅費外，還大量討論了很多香港人購入內地房產的痛點及前沿問題：例如找人代持內地房產的風險、匯款往內地購房的合規方法（怎樣可避免通過找換店匯款）、在內地設立類似香港持久授權書處理內地房產事宜，以及土地使用權到期等等。

在編寫本書的半年內，我們團隊走訪了內地及香港的銀行、公證處、房管局及稅局等機關，訪談場次總共不下一百次；我們十分感謝他們接受訪問，並且特別感謝郭敏婷行長、姚立軒先生及李耀宗先生在訪問中詳盡講解了銀行對內地物業按揭及匯款的政策。

十分感謝我們事務所團隊協助編寫部分章節：成員包括內地律師曹祥元、香港會計師胡嘉業、香港津貼顧問林杰成、「審計部」楊承峰及「中國部」陳慧，感謝他們的付出。

另外筆者由會計專業再擴展至法律專業，感謝黎耀權律師啟發我學習本地及英國法律。

筆者亦十分感謝鄭家成先生對本書的內容給予具建設性的意見，並再次為我們寫推薦序。

最後感謝天父由歲首至歲晚之看顧。

**周永勝**

周永勝會計師事務所有限公司執行董事

# 目錄

**推薦序**.................................................................2

**自序一**.................................................................4

**自序二**.................................................................6

**前言** ...................................................................13

第一章 CHAPTER ONE

## 有關內地物業的名詞定義 .. 15

第二章 CHAPTER TWO

## 大灣區九個城市 ............ 21

**2.1** 簡介大灣區 9 個城市 ....................................22

**2.2** 大灣區 9 個城市對港人各項限購政策..........................................39

第三章 CHAPTER THREE

買入房產篇 .................. 41

3.1 買入前考慮：個人或公司持有（優點及缺點分析）.......... 43
3.2 買入前考慮：購買住宅或公寓（優點及缺點分析）.......... 48
3.3 買入一手物業的流程及注意事項.......... 52
3.4 買入一手物業的主要稅費及費用.......... 60
3.5 付款手續（通過香港銀行匯款的手續）.......... 66
3.6 按揭手續.......... 68
3.7 房產證.......... 77
3.8 買入二手房產的特別注意事項.......... 83

第四章 CHAPTER FOUR
活用所購房產 ................89

4.1 取得房產證後在銀行再融資 ........91
4.2 房產出租 ........101
4.3 房產使用作公司註冊 ........112
4.4 居住權的設立及應用 ........119

第五章 CHAPTER FIVE
賣出房產篇 ................ 121

5.1 出售流程及手續簡介 ........122
5.2 出售予第三者所涉及的稅費
（能提供購房發票）........127
5.3 出售予直系親屬所涉及的稅費 ........133
5.4 出售物業所涉及的稅費
（沒有購房稅票的情況下）........140
5.5 出售物業後款項轉回香港的手續 ........144

## 與物業相關的重要課題... 149

**6.1** 港人借名購入內地房產的風險............150

**6.2** 有關物業管理的問題（屋苑飼養寵物及公共維修的問題）........................154

**6.3** 關於土地使用權到期的討論.................157

**6.4** 意定監護的問題（類似香港的持久授權書）......................160

CHAPTER 第七章 SEVEN

## 案例 ......................... 163

**案例一：** 香港／內地銀行的融資及成立外商投資企業....................................164

**案例二：** 出售房產各項稅費及匯回香港的手續..................................................175

**案例三：** 購入二手樓的注意事項及開立監管戶口.............................................182

**案例四：** 代持物業風險......................................187
**案例五：** 買賣不破租賃、按份共有人的
優先購買權及居住權的應用.......190

## 簡介買賣香港物業的流程.. 199

**參考書目及資料**.........................................................204
**後記** ........................................................................205

# 前言

自從2019年2月國家推行粵港澳大灣區[1]發展規劃以來，大灣區的經濟發展一日千里，大灣區的GDP（本地生產總值）在全球4個灣區中坐亞望冠，有不少香港居民在大灣區求學、工作、創業以至置業。有見及此，本書內容集中圍繞大灣區買賣物業各項有關的課題。

本書詳細講解了港人買入大灣區內一手樓的程序及2024年12月實施的契税優惠政策；鑒於以往港人匯款到內地的發展商戶口頗多制肘，本書亦詳細講解了由2024年開始，港人在購入大灣區房產時如何通過銀行正規匯款到內地發展商戶口。

另外，本書亦詳細講解了港人在大灣區購入二手房所需要注意的事項、程序及匯入銀行監管戶的手續。

考慮到香港讀者可能有興趣在內地購買公寓房作為居住用途，我們亦詳細比較了購入公寓及住宅的優劣。

1 本書系列所指之大灣區是一個約定俗成的説法，是指除香港及澳門以外，廣東省9個相鄰城市。

本書亦詳細講解了港人在大灣區出售樓宇後，怎樣從正規銀行體系把全部税後款項匯回香港。

除説明一般買賣程序及税費外，本書亦以讀者的角度切入，介紹買入大灣區物業後可怎樣活用。因此我們在第四章詳細講解有關把房產出租的税費、已持有現契再抵押給銀行借款的條件、以房產註冊內地公司做生意以及為親人設立居住權手續等。

我們在第六章亦探討一些與物業有關的重要題目：例如香港人借內地親屬名義購買房產（俗稱代持）的風險、物業管理及飼養寵物的問題、土地使用權到期後的問題及業主病患時怎樣授權親屬處理其內地物業等一些前沿問題。

為加深讀者認識在大灣區買賣住宅物業的情況，本書第七章列舉 5 個案例，説明在大灣區買賣物業的程序，以及詳細討論上述觸及的各種課題。同時，在附錄中簡介香港物業買賣流程，以供參考。

最後，提醒讀者要注意內地的物業市場情況，特別是住房大多是買來居住，而不是用作炒賣。

祝願讀者們買到滿意的房產，各適其適，生活愉快。

# 有關內地物業的名詞定義

先了解內地有關物業的常用名詞，有助理解不同物業買賣的狀況。

### 民法典

《中華人民共和國民法典》的簡稱。

### 住宅

指**專供居住**的房屋，包括別墅、公寓、職工家屬宿舍和集體宿舍。成套住宅是指由若干臥室、起居室、廚房、衞生間、室內走道或客廳等組成的供一戶使用的房屋。住宅土地性質為居住用地，規劃用途為**住宅**，土地使用權期限為 70 年。執行民用水電價標準，物業費較公寓低。內地一二線城市不同地段住宅設置不同的限購政策。（詳見第二章 2.2 節）

### 公寓

用於**個人居住或商業經營**的一種房產。公寓所在土地性質基本都是商業用地，規劃用途為**商用**或**商住兩用**。執行較貴的商用水電價，一般不通燃氣，物業費通常較住宅高。內地絕大多數城市對公寓不設置限購、限售政策。（住宅及公寓的選擇及詳細分析見第三章）

香港人可購買的公寓包括商住型公寓和或商辦型公寓：

**商住型公寓**：土地用地性質為商業，土地使用權期限為40年。這類住宅可以買來直接居住，按照商用水電和物業收費管理。

**商辦型公寓**：土地用地性質為商業，土地使用權期限為40年。一般處於城市核心地段及商務中心區，既可居住又可辦公，具備寫字樓功能；在部分城市可以用作註冊公司，也就是俗稱的商住兩用公寓。價格較寫字樓低。

### 寫字樓

專用於商業辦公的樓宇。寫字樓一般由開發商或專業物業運營公司經營，主要經營方式為出租、出售；承租或購房主體主要是金融、互聯網、公共部門以及其他現代商業服務業企業。寫字樓土地性質為商業用地，土地使用權期限為40年，執行商用水、電價格。

### 商舖

商業經營者為顧客提供商品交易、服務、娛樂體驗的場所，例如臨街餐飲、超市、專賣店、商場百貨等。商舖所在土地性質為商業用地，規劃用途為商用，土地使用權期限為40年，執行較貴的商用水電價。

### 工廠

用於生產、製造工業產品的建築物。工廠一般由製造業企業購地開發，工廠土地性質為工業用地，土地使用權期限為 50 年。

### 停車位

建築區劃內用於停放汽車的車位、車庫。

能夠辦理產權登記的停車位，一般由開發商在銷售住宅或公寓房產時一併銷售或附隨贈與。**若車位是獨立銷售，則車位不動產權證書（俗稱房產證）也是獨立辦理及發出**。

無法辦理不動產權證書的停車位，一般屬於住宅社區內業主共有區域或人防工程（應付災難發生時的防空地下場所）、公共工程，就只能由開發商提供長期租賃證書。

### 地塊

指可辨認出同類土地性質的最小土地單元。地塊空間連續、位置固定、邊界明確，除了小部分混合用地之外，絕大多數地塊上的土地性質是單一的。

## 宅基地

指農民用於居住目的而佔有、使用的本村「村集體」的土地。宅基地一般位於農村地區或城市郊區，**由村集體分配給本村戶籍村民，無法向村集體以外的個人或組織轉讓**。

農村宅基地屬於集體土地，宅基地只能辦理《集體土地建設用地使用證》，宅基地上合法自建房屋可以辦理房產產權證；辦理宅基地上房屋產權證須到縣一級國土資源部門辦理。

**若宅基地上尚未建有房屋，宅基地使用權不能被繼承**；若宅基地上已經建有房屋，基於房地一體或房隨地走的原則，可以在繼承房屋的同時一併變更宅基地使用權登記。

## 小產權

指在農村集體土地上建設的房屋，未辦理相關證件，未繳納土地出讓金等費用，或者國有土地上建設的歷史遺留房產，屬於違規違法用地，可以被認定為違章建築，即使被拆遷徵收也得不到徵收補償。《土地登記辦法》第十八條明確規定違法違規用地的土地不得進行登記，目前所有小產權房均無法進行不動產登記。過去部分鄉政府或者村集體發放的某些小產權房使用權憑證，均無法進行確認產權登記，也無法進行繼承。

# CHAPTER 2

# 大灣區九個城市

# 2.1 簡介大灣區 9 個城市

粵港澳大灣區（簡稱大灣區）是中國經濟發展的重要戰略區域，涵蓋了香港、澳門及廣東省 9 個主要城市—廣州、深圳、珠海、佛山、中山、惠州、東莞、肇慶和江門。[1]

這些城市共同構成了中國經濟最活躍的地區之一，擁有豐富的商業、科技和文化資源。

1 本系列「香港人在大灣區」所指之大灣區是一個約定俗成的説法，是指除香港及澳門以外上述廣東省 9 個相鄰城市。

## 大灣區城市及交通圖

### 粵港澳大灣區交通四通八達

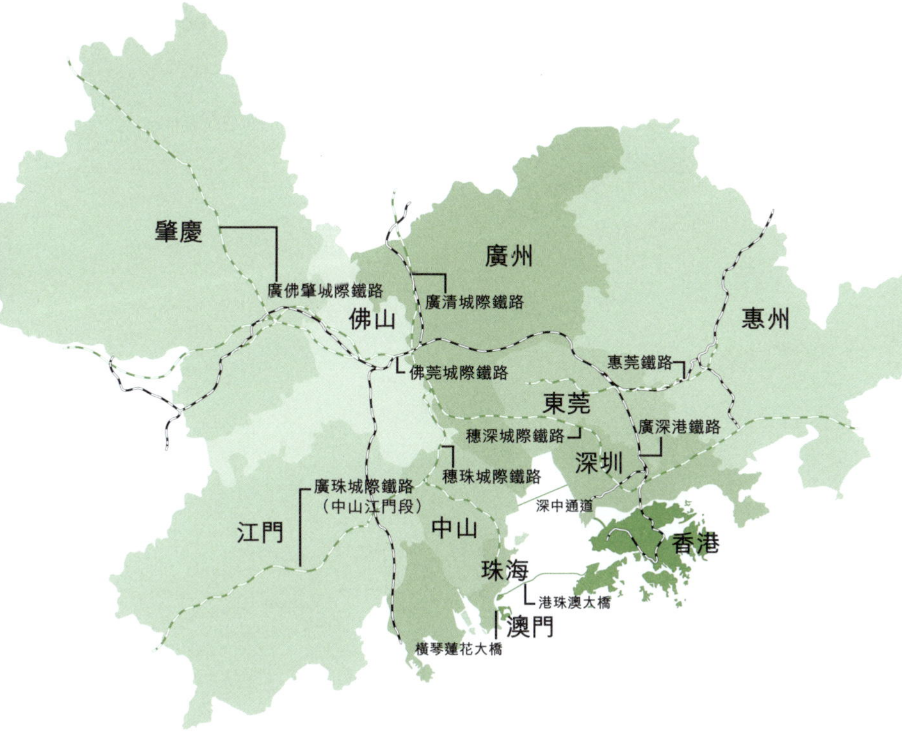

## 考考你：大灣區冷知識

**1. 你知道大灣區 9 個城市中，哪些城市已有地鐵運行及哪兩個城市有地鐵貫通？**

答：廣州、深圳、佛山、東莞現已有地鐵運行，而廣州佛山之廣佛地鐵線亦已貫通這兩個城市。中山第一條地鐵線（實際上是由廣州地鐵 18 號線伸延至中山）現正建設中，預計 2027 年年底通車。

**2. 在大灣區城市中有哪些陸路的集體運輸系統？**

答：在大灣區城市中，共有 6 種陸路的集體運輸系統，其中地鐵、巴士及火車鐵路（包括高鐵）大家必定已經乘搭過。

在廣州，另外有一種地面交通系統：APM 線（Automatic People Mover，旅客自動運輸系統），類似香港的輕軌列車，在廣州的珠江新城片區運行，車廂只有兩節，部分區域處於地底，部分在地面行走。

在深圳的龍華新區亦有一種有軌列車，時速只有 70 公里，類似香港的電車（Tram）。

另外還有城際鐵路（Intercity Railway），即除了高鐵以外城市之間的高速鐵路；鐵路站不一定跟高鐵站連在一起。基本上所有大灣區城市都有城際鐵路運行（詳見本章「一小時生活圈」）。

**3. 深中通道除了由深圳到中山以外，還接駁到哪一個城市？**

答：全長 24 公里的「深中通道」由大橋、人工島和海底隧道組成。

深中通道除連接深圳及中山外，還有另一支線，當大橋到達珠江西岸時，另一分支到廣州南沙。深中通道在 2024 年 6 月開通後，大大舒緩了虎門大橋的擠塞，令到往返深圳中山的車程縮短至 30 分鐘。

**4. 香港有哪些大學在大灣區有分校？**

答：香港中文大學在深圳、香港城市大學在東莞、香港科技大學在廣州、理工大學在佛山，以及最新的都會大學在肇慶，均設有分校；而香港浸會大學在珠海跟北京師範大學設有合辦大學。

在大灣區這些合辦大學或分校所取得的學歷，亦得到香港政府的承認。

**5. 由香港西九龍高鐵站（西九）出發至廣州南站（廣州南）的高鐵列車，除了廣州南以外，還會停靠哪個大灣區城市？**

由西九前往廣州南一般都會停靠深圳北高鐵站，全程大約 49 分鐘；部分班次還會中途經深圳福田高鐵站、深圳光明高鐵站、東莞虎門高鐵站、廣州慶盛高鐵站，部分班次終點伸延至廣州東站。

以下篇章將介紹 9 個大灣區城市的概況，作為讀者在這些地區置業時的參考。

## 大灣區城市人口、經濟數據及平均房價概覽

| 城市[2] | 面積（平方公里） | 人口（萬） | 本地生產總值 GDP（億 / 美元）[3] | 人均 GDP（美元）[4] | 新房平均房價（人民幣 / 平方米）[5] |
|---|---|---|---|---|---|
| 廣州 | 7,434 | 1,883 | 4,290.2 | $22,938 | $36,052 |
| 深圳 | 1,997 | 1,779 | 4,890.9 | $27,592 | $56,432 |
| 珠海 | 1,725 | 249 | 598.3 | $24,068 | $25,065 |
| 佛山 | 3,798 | 962 | 1,876.3 | $19,514 | $16,080 |
| 中山 | 1,781 | 446 | 544.2 | $12,244 | $12,286 |
| 東莞 | 2,460 | 1,049 | 1,616.5 | $15,516 | $21,380 |
| 惠州 | 11,350 | 607 | 797.1 | $13,203 | $9,798 |
| 肇慶 | 14,891 | 413 | 394.7 | $9,556 | $7,231 |
| 江門 | 9,535 | 482 | 568.5 | $11,837 | $8,236 |

2 本文的重點放在大灣區的 9 個城市，所以未有羅列香港及澳門的詳細數據。此處補充香港及澳門的本地生產總值（GDP）及人均 GDP 數據，供讀者參考。香港的 GDP 為 3,820.8 億美元，人均 GDP 為 50,701 美元，而澳門的 GDP 為 470.6 億美元，人均 GDP 為 69,385 美元。

3 https://research.hktdc.com/tc/article/MzYzMDE5NzQ5。根據香港貿發局經貿研究，2023 年數字。

4 根據香港貿發局經貿研究，2023 年數字。

5 https://fangjia.gotohui.com，2024 年 10 月數據。

## 廣州

廣州作為廣東省的省會，擁有 2,000 多年的經濟發展歷史，並且是中國最早開放的貿易城市之一，故此廣州有華南區其中一個最大的服裝批發區、玩具批發市場及圖書批發市場，而廣州天河區及越秀區則是廣州的核心商業區。

廣州擁有豐富的文化底蘊，其獨特的廣府文化在粵語、飲食和藝術等方面表現得淋漓盡致。當地飲食文化引人注目，以粵菜為主，特別是廣式早茶，受到廣大食客的喜愛。主要建築如廣州塔、珠江新城等，不僅是城市的地標，還成為了重要的旅遊景點。廣州的旅遊名勝如白雲山、越秀公園和南越王博物院，皆展現着這座城市的歷史文化和自然風光，吸引着無數遊客。

廣州的交通基礎設施十分發達；作為重要的交通樞紐，城市內擁有完善的地鐵、巴士和高鐵系統。廣州地鐵自 1997 年啟用以來，不斷擴展，目前已經形成覆蓋主要商業區和居民區的運行線路，成為市民日常出行的主要交通工具。

廣州南站是中國四大鐵路樞紐之一，連接了多條高鐵與城際鐵道。廣州白雲國際機場則為重要的國際航空樞紐，每年接待大量的內地和海外航班，進一步促進了廣州的經濟和文化交流。

廣州的日常生活融合了傳統與現代，無論是在繁華的商業區還是靜謐的老街，處處可以感受到這座城市的活力。

## 深圳

深圳作為中國的經濟特區，自 1979 年設立以來，經濟發展速度驚人，是重要的一線城市之一；深圳的內地生產總值（GDP）位居全省第一，在全國經濟中佔有重要地位。深圳被聯合國教科文組織認定為「設計之都」，展現了其在設計和創意方面的綜合能力。羅湖、福田、南山是深圳最為繁華的地區。

現時將總部設在深圳的大型企業有：華為、騰訊、大疆、比亞迪汽車、百度、招商銀行、中國平安、中興通訊、華潤置地及萬科地產等。

對於香港市民而言，往返深圳交通便利，使得週末或假期短途旅行成為熱門選擇。香港與深圳毗連，多個口岸亦能過境到深圳。香港市民可以享受深圳的豐富購物選擇，體驗不同的美食文化，並參加各類休閒活動。深圳的物價相對香港更具吸引力，使得許多香港市民選擇到深圳消費。

深圳擁有完善的交通基礎設施，包括覆蓋率高的地鐵、高鐵、有軌列車、國際機場及連接其他主要城市的城際鐵路。深圳寶安國際機場是中國最為繁忙的機場之一，而市內的高鐵系統包括廣深港高鐵、京廣高鐵等，以深圳北站作為主要高鐵樞紐，能便捷通往北京、上海等地。深中通道的落成亦便捷了深圳與中山和珠海的交通連接。深圳的地鐵系統也十分繁忙，覆蓋多個核心區域，便利出行。

根據 2024 年的最新數據，深圳市來自各省人口的比例中，廣東省只佔 22.6%，即大約八成都是自來廣東省以外，故在深圳生活基本上需要講普通話。

**珠海**

珠海是 9 個大灣區城市中人口及面積最小的，但其新房平均房價是排在第三位。珠海擁有豐富的自然資源和旅遊景點，市內有眾多的海島和海灘，如珠海漁女、圓明新園和淇澳島等都是遊客必到之地。該市注重環境保護，設有多個國家級森林公園，使珠海成為一個極具吸引力的旅遊城市。珠海的城市規劃以「海灣城市」為設計理念，市區建築多以低密度、現代化為特色，這不僅保護了珠海的自然山水景觀，也塑造了其獨特的城市風貌。

珠海的地理位置得天獨厚，東南與澳門毗鄰，東隔珠江口與香港相望，優越的位置使其成為中國與港澳之間的重要交通樞紐。隨着港珠澳大橋的開通，珠海不僅增強了與香港和澳門的聯繫，也吸引了更多的遊客前往探索。

**佛山**

提起佛山，一般人會想起黃飛鴻或葉問，其實佛山除了功夫聞名，GDP 更是在大灣區 9 個城市內排第三！在 2002 年，原順德市[6]因應行政區劃調整，併入佛山市成為順德區，讓佛山市的面積及實力擴大。

佛山市位於中國廣東省中南部，是一座富有歷史文化和經濟活力的城市，以禪城為核心區。作為珠江三角洲的重要城市之一，佛山擁有良好的地理位置，與廣州、珠海等城市相鄰，交通便利，經濟發展迅速；而佛山的經濟、民生深受廣州影響，形成廣佛都市圈。

在佛山南海區的廣東金融高新技術服務區，是很多金融類跨國企業的後台基地，包括友邦保險、滙豐銀行、東亞銀行、恒生銀行、中國工商銀行及畢馬威會計師行等

6 在順德設立總部的大型企業有碧桂園集團、美的集團、容聲電器集團等，另現時順德較集中機械人製造或數字化及智能化生產企業。

都設立包括全國電話客服中心（Call Centre）及信用卡中心等後台。

廣佛同城的核心是加強兩市之間的交通連接。廣佛地鐵互通、城際鐵路以及公路網絡的建設，使得從廣州到佛山的出行時間大幅縮短，方便了市民的日常通勤和商業活動；順德亦是美食之都，在粵菜中有「廚出順德」的美譽，吸引不少食客慕名而來，品嘗當地的特色美食。

## 中山

中山，古稱「香山」，是孫中山先生的故鄉，於 1925 年為紀念孫中山而改稱「中山」。中山市是中國重要的製造業基地之一，工業體系較為完備，涵蓋了家電、五金、燈飾、服裝等多個領域，培育了眾多知名品牌和企業，產品遠銷海外，為經濟發展注入了強大動力。

雖然中山在城市面積及 GDP 均在 9 個大灣區城市的下游，但中山一直是港人熱門的度假及居住城市。

深中通道於 2024 年 6 月通車後，更為便利中山的對外交通，由中山至深圳，駕車用時由原先的超過 90 分鐘大大縮短至 30 分鐘內；這亦便利了香港市民過境內地後，便捷地經深中通道去中山。

## 東莞

東莞是中國製造業的重要城市，以「世界工廠」聞名，而早年亦有不少港商於當地投資設廠。東莞的 GDP 是大灣區 9 個城市的第四位（緊隨佛山），而東莞亦是大灣區城市中第四個有地鐵運行的城市。

2008 年，時任廣東省委書記汪洋提出騰籠換鳥的政策，將一些東莞低技術及勞動密集的工廠遷移到其他城市，其間東莞曾經歷掙扎期。

現時東莞可以說是手機之城，因為世界銷量排第四的 OPPO 及第五的 Vivo，其總部均設在東莞；而華為進駐了東莞的松山湖，並且吸引其上下游的企業也進駐此片區，使到東莞松山湖片區成為新型及高端企業的集中地；另外香港城市大學分校及大灣區大學亦新建於此。

東莞亦擁有悠久的文化傳統；作為中國「四大名鎮」之一的虎門鎮，是中國歷史上對外貿易的重要港口，也是鴉片戰爭的重要戰場。虎門銷煙的歷史事件在中國近代史上具有重大意義，林則徐銷煙的壯舉就發生於此，成為東莞文化自豪的一部分。

## 惠州

惠州擁有優美的自然景觀和豐富的歷史文化，素有「嶺南名郡」之稱，是國家歷史文化名城。經濟上，惠州近年來發展迅速，逐漸形成了電子資訊、新能源、高端製造和旅遊等多元化的產業結構。作為中國南方的電子產業基地，惠州吸引了眾多內地或海外知名企業設廠，大大促進了地方經濟的發展與就業。

自然資源方面，惠州擁有得天獨厚的山水風光，環境優美。惠州西湖以其秀麗的湖光山色而聞名，是城市的地標之一。羅浮山是名山，擁有豐富的植物資源和清新的空氣，成為健身和休閒旅遊的好去處。此外，惠州的海岸線長達 200 公里，擁有優質的海灘和清澈的海水，是水上運動和海濱度假的理想場所。

## 肇慶

肇慶是廣東省歷史文化名城，以其獨特的自然和人文景觀而聞名，也是國家歷史文化名城和中國優秀旅遊城市。著名的七星岩是肇慶最具代表性的自然景觀之一，這裏有壯觀的石灰岩山峰、清澈的溪流和秀麗的山景。七星岩以其奇特的溶洞和古老的寺廟而聞名，成為了熱門的旅遊目的地。此外，肇慶還擁有豐富的水資源，鼎湖山、星湖等也是極具景觀價值的旅遊區域。

肇慶的 GDP 雖然在 9 個大灣區城市內敬陪末席，但其新房平均房價也是最低的。

肇慶市區主要在端州區、高要區和鼎湖區。端州區的端州四路為主要的商業中心，靠近景點七星岩。肇慶亦有「中國硯都」之稱，出產端硯。

## 江門

江門被譽為「僑鄉」，是廣東省的一個重要地區，擁有深厚的華僑文化和影響。自 19 世紀以來，許多江門人移居國外，於東南亞、美國、加拿大等地發展，建立當地的華人社區。他們在國外建立了商業和文化聯繫，並將所學帶回故鄉，為江門的經濟發展和文化繁榮作出了巨大貢獻。

江門以其美麗的自然風光而聞名，如開平碉樓和自力村，這些都是聯合國教科文組織列入《世界遺產名錄》的文化遺產。江門擁有美麗的海岸線和豐富的水資源。西江流經此地，使得江門擁有良好的水運條件，促進了經濟的繁榮。

## 一小時生活圈

現時從香港出發，通過高鐵、各種高速公路（港珠澳大橋、深中通道等），基本上一個小時內可以直達大部分大灣區城市。

目前粵港澳大灣區已開通了多條城際鐵路線（Intercity Railway），其中廣東城際鐵路在 2024 年 5 月實現**佛肇城際**、**佛莞城際**、**廣佛南環**、**莞惠城際**「四線貫通」；廣東城際全長 258 公里，貫通惠州、東莞、廣州、佛山及肇慶 5 個城市；列車最高時速 200 公里，舉例從廣州番禺出發，可 30 分鐘直通佛山、東莞，60 分鐘抵達肇慶、惠州；其採用和諧號動車組，按地鐵化模式運營（即拍卡入站，車來即走，毋須提前購票）。

至於南北向的城際鐵路，就有穗深城際鐵路（由深圳機場至廣州新塘）及廣珠城際鐵路及其支線（由廣州南站至珠海長隆及其支線至中山及江門段），這兩條城際鐵路已開通數年了。

同時，為拓展線網覆蓋面、實現主要大灣區城市間一小時互通的目標，粵港澳大灣區城際鐵路仍在進行大規模

## 廣東城際鐵路示意圖：「四線貫通」

的新線建設。根據規劃[7]，到 2035 年，城際鐵路總距離將達到 1,890 公里，100% 覆蓋縣級以上城市。

同時跨市的地鐵亦將建設更多，例如現時廣州及佛山的廣佛地鐵線已通行多年，而預計 2027 年通車的廣州地鐵 18 號伸延線到中山：到時從廣州到中山大約只需 45 分鐘車程。

以上所介紹的 9 個大灣區城市，有部分比較城市化，部分比較接近大自然。因為大灣區內交通的便利，讀者在置業時可視乎自己的生活取向，選擇適合自己的大灣區城市居住。

7《珠江三角洲地區城際軌道交通網規劃》國家發展改革委，2009 年 9 月 30 日。

# 2.2 大灣區 9 個城市對港人各項限購政策

讀者於大灣區購房時，亦需要注意最新住房限購政策。內地每個城市都有其自身的住房政策，不盡相同，如廣州與深圳的政策已不一樣。這些政策亦在不斷更新，讀者在購房前，宜先了解當刻的購房限制。

內地居民在購買住宅時，會受到戶籍及社保供款等限制。例如一名北京戶籍的居民想在深圳購買住房時，就需要有深圳當地的社保供款記錄。不過，現時對於港人並沒有這個繳納當地社保的要求。

## 港人在深圳購房的限購政策

這個限購政策是指**購買住宅**，但若購買住宅以外的，例如公寓等就沒有限制了。

根據 2024 年 11 月 19 日筆者在深圳不動產登記中心查詢：港人持有有效成人身份證及回鄉證（並提交聲明書給相關政府部門，聲明購買人在全國城市均沒持有住宅的情況下），可以購買一個深圳住宅單位。這個政策同時適用於購買一手或者二手的深圳住宅單位。

如果港人是因為繼承而取得一個深圳的住宅單位，這個單位就不計算在「一個」限額以內。

## 港人在大灣區城市（深圳以外）購房的限購政策

這個限購政策是指購買住宅，但若購買住宅以外的，例如公寓等就沒有限制了。

大灣區部分城市近年亦陸續出台一些新的住房政策。例如廣州在 2024 年 9 月宣佈，全市所有地區不限購，亦即任何人（包括香港居民）於市內購住宅不受任何限制。

總的來說，香港居民可以在大灣區城市（深圳以外）不限制購買住宅單位，但亦建議於購房前了解當時的政策；而在購買第二套、第三套住宅時，貸款及稅務計算與第一套住房可能有所不同，這些會在第三章提及，讀者宜多加留意，以免在購房時失了預算。

# CHAPTER 3

# 買入房產篇

本章為「買入房產篇」。我們會依照一個香港人購入內地物業的考慮過程來說明：

1) 以個人或一間有限公司名義購入房產作為自住（買入一套住宅或買入一套商住公寓）；

2) 講述買入不同房產的各種稅及費用（包括最新的契稅優惠政策）；

3) 介紹從發展商購入房產的流程及發展商出售房產必要的五證；

4) 介紹從香港匯款到內地的最新手續；

5) 講述有關辦理房產證及當兩人合資購入房產時兩種共有形式的房產證。

# 3.1 買入前考慮：個人或公司持有（優點及缺點分析）

在香港，很多時候我們都用有限公司持有物業。在內地這樣做是否也可行？

以前因為購買住宅有限購的要求，所以用有限公司持有住宅並不可行。

至 2024 年基本上大部分城市的限購已消除，所以以內地有限公司作持有物業包括住宅或者非住宅（例如公寓、商舖及寫字樓）也可以。[1]

1 按我們在 2025 年 3 月的查證：現時在大灣區城市中，港人以個人名義在深圳、廣州、佛山及東莞這 4 個城市購入住宅時，需要作出一個自住聲明書；另港人在廣州購入非住宅（例如公寓）亦需要作出自用聲明書；在其他大灣區城市購入住宅或非住宅（例如公寓）則沒有作出自用聲明書的要求。
至於港人以內地有限公司購入住宅或非住宅，亦沒有自用聲明書的要求。

那麼用有限公司持有物業有甚麼優點及缺點？

以下圖表顯示以個人及有限公司購入物業及持有物業的不同稅費：

## 以個人或有限公司購入物業時的稅項比較

| 持有人 | 個人 | 個人 | 有限公司 | 有限公司 |
|---|---|---|---|---|
| 物業種類 | 住宅 | 非住宅 | 住宅 | 非住宅 |
| 用途 | 自用 | 自用但非經營 | 自用 | 自用 |
| 稅種 | 契稅 | 契稅 | 契稅 | 契稅 |
| 稅率 | 1% | 3% | 3% | 3% |
| 稅種 | 豁免 | 豁免 | 房產稅 | 房產稅 |
| 計算基準 | 豁免 | 豁免 | 房產價格減除 10% 至 30% | 房產價格減除 10% 至 30% |
| 稅率（每年） | 豁免 | 豁免 | 1.2% | 1.2% |

**按：**

❶ 根據財政部等三部門發佈《關於促進房地產市場平穩健康發展有關稅收政策》於 2024 年 12 月 1 日起執行的政策：

對個人購買家庭唯一住宅面積為140平方米及以下的按1%的優惠稅率徵收契稅，面積為140平方米以上的按1.5%的優惠稅率徵收契稅。(契稅的標準稅率是3%)。

❷ 非住宅是指公寓、寫字樓或商舖等。

❸ 以有限公司持有住宅並且自用，仍需要交納房產稅，房產稅的計稅基準為房價（按當地城市扣除10%至30%後），再乘以每年1.2%的稅率。

❹ 若個人購買非住宅（例如商舖）用於自我經營業務，原則上從生產經營開始計起都要繳納房產稅，每年1.2%。

我們嘗試用這圖表解釋內地的狀況：

### A. 以個人持有物業（住宅或非住宅）

1. 在內地，無論用個人或有限公司持有物業，辦理房產證時都需要支付契稅。契稅的標準稅率為3%。但是若以個人購入住宅作為自用，按現時的優惠政策可以按1%交納契稅（詳見本章3.4節的討論）。
2. 若以個人購入住宅，在購入住宅時交納契稅後，在持有這套住宅的期間就沒有其他稅種再要支付。

**B. 以有限公司持有物業（住宅或非住宅）**

1. 如果以有限公司購入一套住宅，購入住宅時同樣要繳納契稅，按標準就是 3% 交納而沒有優惠。
2. 有限公司購入一套住宅，即使是自用，而不是用作出租（沒有租金收入），這家有限公司仍要按房價（扣除當地標準 10% 至 30% 後）再乘 1.2% 交納每年房產稅（這是一個不少的數目）。

**案例一**

陳先生見現在大灣區大部分城市都消除限購，想在中山石岐區購入一套住宅單位。他打算用 1,200,000 人民幣購入面積約 100 平方米的一套住宅單位。

陳先生打算購入住宅後首兩年作自用。

他聽別人説也可以用有限公司購入內地單位。現分析用個人或有限公司購入住宅之優點及缺點。（此案例以人民幣為單位）

**A. 以個人持有這中山住宅單位**

1. 若陳先生在內地只持有這一套中山住宅，他能夠按照最新的優惠，按 1% 支付契稅。（詳見本章

3.4 節購入物業的稅率)。

2. 購入後頭兩年他是自用,自用沒有房產稅的產生。

**B. 以有限公司持有這中山住宅單位**

1. 若陳先生以有限公司持有住宅,首先他需要成立一家內地的公司(港人在內地成立一個外商投資企業有限公司,會有一個費用的產生)。
2. 若陳先生以有限公司購入,就要按基本稅率 3% 支付契稅。即:

   ¥1,200,000 x 3% = ¥36,000

首兩年他雖然是自用,但因為他以有限公司持有物業,需要繳納房產稅,每年的房產稅是按照房價(扣除 10% 至 30% 後)的 1.2% 作為每年的房產稅支出。

假設中山稅局可以以 30% 扣減作為計算房產稅的基準,則每年陳先生持有這個物業所繳納的房產稅為:

計稅基準:¥1,200,000 x(1-30%)= ¥840,000

則第一及第二年的房產稅,每年為(年度交):

¥840,000 x 1.2% = ¥10,080

除了稅費不同以外,如果讀者購入住宅及做按揭,現時以個人持有第一套住宅的首期比例及利息都會較以有限公司持有住宅為優惠(詳見本章 3. 6 節的討論)。

# 3.2 買入前考慮：購買住宅或公寓（優點及缺點分析）

第一章已簡介了住宅及公寓的有關定義，讀者選擇購買住宅和公寓的時候，可以參考以下這些區別：

## 一、土地使用權年限不同

土地是由國家擁有，並給予使用者一定年期使用該土地，所以使用者**只有土地的使用權，並不是擁有權**。土地使用權有一定的期限（類似香港的地都是由政府批出使用，統一至 2047 年 6 月 30 日到期）。

住宅和公寓最明顯的區別就是產權年限存在一定的差異：住宅的土地使用權限一般為 70 年；公寓的土地使用權限根據所處地塊的用地類別，一般是 40 至 50 年。（注意：讀者不要將業主擁有住宅或者公寓的所有權〔香港一般稱為擁有權 Ownership〕混淆，無論是住宅或者公寓類的**建築物**，所有權是永久的）。

## 二、水電收費標準不同

住宅和公寓在生活成本上也是有區別的，兩者的水電收費標準不同，住宅屬於民用住房，水電費按照民用水電的標準來收取；而公寓屬於商用，水電費都是按照較高的商業用水、用電的標準來收取。一般情況下，商業用水、用電收費比民用為高。

## 三、學區房問題

如果港人購入的單位是出租予當地人，這個學區房的問題就很影響房產租金。一般來説住宅單位可以直接報讀其所在區域的公立學校，而公寓因為作為商業用途，在申請報讀其區域的公立學校沒有住宅單位的優勢，甚或需要額外條件（例如要經入學考試等，但不同地區要求有所不同）。

## 四、貸款利率和首期不同

對於貸款買房的人來説，如果打算貸款購買公寓，則需要按照商業住房的規定辦理，首期比例一般為50%，貸款利率相對也會高一些。若是貸款購買住宅，首期比例最低為15%，貸款年期最長達30年（詳見本書第四章）

## 五、單位是否可以註冊公司及經營業務

住宅一般不可以作為公司的註冊地址及經營業務（這點與香港不同，香港的私營住宅可以作為一般的商業營業地）。

公寓因為作為商住用途，可以用作為註冊企業諮詢類的公司地址（但若公司是作為零售，一般要求在舖位註冊，另外餐廳類若有明火設備的，亦不可以在公寓註冊）。

## 六、價格高低的考慮

內地住宅面積一般比較大，通常最少 80 至 90 平方米，而且因為學區房的問題，所以一般單價是比公寓為高。

至於公寓一般的面積較小，而且單價一般亦較同區的住宅為低，所以公寓售價較同區住宅一般為低。

## 七、稅務問題

購入時的契稅：契稅的標準稅率為 3%，由於公寓是商用，所以一般都要支付這個標準契稅稅率。而住宅是視乎政策的優惠情況，現時內地着力促進住宅銷售，故購入第一套住宅（面積 140 平方米以下）可按優惠稅率 1% 來繳納契稅，這也適用於港人（詳見本章 3.4 節）。

## 八、出售單位時的各種稅（個人所得稅、增值稅、土地增值稅等等）

按最新的政策（2024 年 12 月 1 日財政部等三部門發佈關於促進房地產市場平穩健康發展有關稅收政策的公告），若購入的住宅是自用，持有兩年之後出售住宅的**所有溢價都可以免除增值稅、土地增值稅**。但若是購入公寓，無論持有多少年之後出售，**所有的溢價都不能免除稅費**。(詳見第五章)

筆者認為第八點是最影響購入公寓或住宅的考慮，但若購入單位是作為退休之用（出售的機會不大），那麼購入一個相對便宜可以作為住宿又可以作為註冊內地公司經營業務的公寓，未嘗不是一個選擇。

# 3.3 買入一手物業的流程及注意事項

## 買入一手物業的流程

首先建議大家要選擇一些較有實力的發展商及需要查察發展商提供的五證（詳見下一節）；港人在選好所購的單位後，整個購買一手房的流程大致如下（個別城市或有部分差異）：

一手房購買流程：

**簽訂購房意向書 > 支付定金 > 支付首期 > 網簽並備案 > 按揭貸款或全款買房 > 辦理收樓 > 繳納契稅及維修基金後辦理房產證**

### 一、簽訂購房意向書（即「商品房認購書」）

對於買房者的資格作初步審定（例如大灣區不同城市的限購政策下港人是否有資格購入這城市的住宅，詳見 2.2 節的說明），這個通常包括買賣雙方當事人及房屋的基本資料，包括房屋位置及面積、房屋價格、定金及正式簽署買賣合同的期限。

## 二、支付定金

金額通常是數萬元人民幣以內，**定金不是訂金，因定金是一個法律概念**：如果購房者不履行合同，他本人無權要求返還定金；但若發展商不履行合同就要雙倍返還定金。

## 三、支付首期

按現時按揭的政策，住宅首期最低可以是15%（非住宅首期比例要求更高）；支付首期款項後，發展商會給予購房者一個收據。購房者要收藏好這個定金及首期收據，因在購房者全數支付樓款後，需要把這些收據交予發展商換取一張**正式內地稅局認可的全額發票，這張全額發票用以申請房產證**。

## 四、網簽並備案

這個是將買賣雙方的資料及所購單位、房價及付款方式等錄入到當地城市的不動產交易中心，以防發展商「一房兩賣」。相關資料錄入系統後，電腦會生成合同（即「商品房買賣合同」），買賣雙方就在這合同上簽署。

## 五、按揭貸款或者全款（Full Pay）買房

按照最新的政策，港人憑商品房認購書、商品房買賣合同及網簽合同等資料，可以一次過從香港銀行

匯款至內地發展商的戶口，這樣減少了以往每天只能從香港銀行匯出 80,000 人民幣的弊處及減少通過找換店匯款這種高風險的過程（詳見本章 3.5 節）（按：讀者實際購房時，請諮詢香港銀行的最新匯款政策及要求的文件）。

按揭貸款方面，詳見本章 3.6 節的描述。

**六、辦理收樓**

發展商通知業主收樓。請注意一般發展商是按通知業主可以收樓一至兩個月後，開始計算和收取管理費，所以愈遲收樓所滾動的管理費會愈大。

**七、繳納契稅及維修基金後辦理房產證**

本章 3.4 節會詳細討論。

## 買入一手物業的注意事項

**一、查證房源信息**

全面了解樓盤的基本情況，包括用地性質、土地使用期限、環境及周邊配套、發展商資質及涉訴情況、土地或在建工程的抵押或查封情況。

**二、查證商品房五證是否齊全**

五證是指《國有土地使用證》、《建設用地規劃許可證》、《建設工程規劃許可證》、《建設工程施工許可證》、《商品房銷售（預售）許可證》。如果五證不全，會存在以下重大風險：

1. **缺失《國有土地使用證》**：沒有土地使用權限，所有開發建設均屬違法行為；可能會被強制拆除，或者無法辦理不動產登記證書。土地性質不明確，所購物業可能由於土地性質為商業用地或工業用地，而最終產權只有 40 年或 50 年（住宅產權為 70 年）。

2. **缺失《建設用地規劃許可證》**：專案整體規劃未通過政府審核，可能無法通過竣工驗收備案或者辦理不動產登記，存在變更風險例如購房前所承諾的綠化、噴泉以及教育配套等，可能無法實現。

3. **缺失《建設工程規劃許可證》**：建設工程未通過政府審核，可能無法通過竣工驗收備案或者辦理不動產登記證書，到工程後期可能會改變原有銷售承諾，例如 原定樓層或住宅戶型發生變化。

4. **缺失《建設工程施工許可證》**：可能無法通過竣工驗收備案或者辦理不動產登記。施工單位建房資質未經審核，建築流程以及建設品質無法保證。

5. **缺失《商品房銷售（預售）許可證》**：因不具備銷售條件而違規銷售導致購房合同無效，可能損失定金或購房款，後期可能會「爛尾」；即使入住，也無法辦理房產證。另外留意查核預售許可證，如果購房者是購入住宅的，《商品房銷售（預售）許可證》的房屋用途性質必定要顯示為：住宅。

## 有五證就安枕無憂嗎？

即使發展商能提供五證，購房者亦不能掉以輕心。試看以下例子：

**A. 將位於保稅區的寫字樓包裝為商住公寓**

2023 年 8 月 25 日《香港 01》報道，某樓盤發展商將位於珠海保稅區的寫字樓包裝為商住公寓，其後購入的小業主不能在內居住，最後要跟發展商打官司。

內地的保稅區為特殊區域：保稅區是經國務院批准設立，並受中國海關總署實施特殊監管的經濟區域之一。保稅區具有保稅倉儲、出口加工、轉口貿易等功能，不能居住。

讀者要小心保稅區只能有寫字樓或倉儲等商業性的建築物而不能居住，就算發展商出示五證亦不能掉以輕心。

（按：此種情況下需查驗《建設工程規劃許可證》中的房屋用途，如土地項目用途為辦公商業，即為寫字樓；如土地項目性質包含商業和居住，即為商住公寓。）

**B. 發展商對部分商舖給出「售後包租」，並許以高額年回報率的承諾**

現實中，不乏因為後續發展商經營不善導致難以實現收益回報的例子；還有，通常「包租的公司」不屬於發展商，而是獨立第三方的管理公司，對於這個管理公司的資歷通常購房者也不大熟悉。

**C. 取得五證是否代表沒有爛尾風險？**

內地獲批《商品房銷售（預售）許可證》須滿足 3 個條件：一、已交付全部土地使用權出讓金，取得土地使用權證書；二、持有《建設工程規劃許可證》和《建設工程施工許可證》；三、按提供預售的商品房計算，投入開發建設的資金達到工程建設總投資的 25% 以上，並已經確定施工進度和竣工交付日期。所以，就算預售許可證是五證中的最後一張，都只說明發展商已經作出了總投資的 25%，即尚有 75% 要投入，萬一發展商資金鏈斷裂，仍然會有爛尾樓的風險。

所以，如果市場上有大量樓盤選擇的話，購房者盡可能**買入現樓**，以減低爛尾樓的風險。

## 三、仔細核查正式合同與樓書等宣傳描述

簽訂商品房買賣合同時，要仔細核查正式合同與樓書等宣傳描述不一致的條款。對於發展商擴大宣傳或虛假承諾的部分，應及時以書面形式表達訴請，並將相關宣傳資料留存。

## 四、支付前認真核實收款帳戶

購房款往往數額巨大，請在支付每一筆購房款前**認真核實收款帳戶**。不要將房款匯入第三方帳戶或個人帳戶，應當及時提出異議並要求只能支付到發展商的銀行帳戶。

## 五、務必經過網簽程序及簽署網簽生成的合同

所謂網簽是指發展商將買家的資料及所購單位的資料導入房地局的電腦系統並生成的書面合同；這個網簽的程序確認了發展商是將這個單位賣給指定的賣家，以防止「一房兩賣」的情況。

## 六、在發展商交樓時，請務必仔細核驗房屋存在的瑕疵並提出異議

如瑕疵屬於房屋主體結構品質問題，或是嚴重影響居住使用的品質問題，可以選擇拒絕接收房屋，要求發展商及時修復並承擔逾期交樓責任，也可以直接解除合同並主張損失。但如果僅僅是輕微瑕疵，

則要及時收樓，隨後主張發展商進行修復。

## 七、如要購買小區車位，請確保車位可以辦理產權登記

無法辦理不動產權證書的停車位，一般屬於住宅社區內業主共有區域（共有財產）或人防工程（內地要求發展商提供應付災難發生時的場地）、公共工程，即使發展商以「出售使用權」或「以租代售」等方式變相轉讓，在後續的使用和轉讓過程中也可能面臨諸多的障礙和風險。

# 3.4 買入一手物業的主要稅費及費用

按第二章有關限購政策所述，在大灣區除了深圳以外，其他城市已沒有針對港人的限購要求（深圳規定港人只可以購入一套深圳住宅；留意這是以個人計算，不是以整個家庭計算）。

購入新房（一手物業）要交的主要稅費及費用包括：

❶ 契稅
❷ 印花稅
❸ 房屋維修基金

## 契稅

契稅是購買新房時需要繳納的一種稅費，通常是根據房屋的成交價格來計算。**基準契稅稅率為3%**，但是政府會根據不同的市場行情制定相關的優惠政策。

根據財政部等三部門發佈《關於促進房地產市場平穩健康發展有關稅收政策》，於 2024 年 12 月 1 日起執行：

**關於住房交易契稅政策**

**（一）對個人購買家庭唯一住房[2]，面積為 140 平方米及以下的，按 1% 的優惠稅率徵收契稅；面積為 140 平方米以上的，按 1.5% 的優惠稅率徵收契稅。**

**（二）對個人購買家庭第二套住房[3]，面積為 140 平方米及以下的，按 1% 的優惠稅率徵收契稅；面積為 140 平方米以上的，按 2% 的優惠稅率徵收契稅。**

注意如果是購買公寓、商舖、辦公樓等非住宅的物業，不享受以上契稅優惠政策，須按照基本利率 3% 繳納契稅。

2 這裏的家庭是指包括購房人、配偶以及 18 歲以下未成年子女；2024 年 12 月 1 日起執行的政策所稱的住房即為住宅。

3 家庭第二套住房是指已擁有一套住房的家庭所購買的第二套住房。

## 購買住宅的契稅優惠

| 稅種 | 套數 | 面積 | 稅率 | |
|---|---|---|---|---|
| | | | 個人 | 有限公司 |
| 契稅 | 家庭第一套 | 小於 140 平方米 | 1.0% | 3% |
| | | 大於 140 平方米 | 1.5% | |
| | 家庭第二套 | 小於 140 平方米 | 1.0% | |
| | | 大於 140 平方米 | 2.0% | |
| | 家庭第三套 | / | 3.0% | |

**按：**

「家庭」是指包括購房人、配偶以及 18 歲以下未成年子女。

需要補充的是：

❶ 港人在深圳購買住宅，若要享受 1% 的契稅優惠，還需要提供香港律師樓公證的《家庭成員狀況聲明書》，而大灣區其他城市沒有這項要求，只需要提供當地不動產登記中心出具的不動產查冊證明即可。

❷ 這契稅優惠是以整個家庭計算（即是丈夫、妻子及 18 歲以下的子女一同計算）。

❸ 公告中第四條所述具體政策由省及個別城市具體執

行。所以怎樣計算兩套住宅，是按全國、全省或者全市計算，則不同省及不同城市有不同的執行方法。例如佛山在計算每一個家庭可享受契稅的優惠時是**以區為單位**，比如一個家庭在佛山順德區購買了第一和第二套住宅，均可以享受契稅優惠；然後他們在佛山南海區再購買多兩套住宅，依然可以全部享受契稅優惠——同一個區超過兩套才不能享受契稅優惠。至於深圳是**以家庭計算**，在深圳全市已有兩套住宅後，就不能享受契稅的優惠。

故此，如果購房者在交納契稅時，要了解當地的發展商或仲介、了解個別城市契稅優惠政策。

假設香港人李先生和李太在香港登記結婚，李太2004年在深圳羅湖已經購買了一套住宅，現李先生在深圳再購買一套100平方米住宅，在計算契稅時是否能享受優惠？對於李先生而言，這是他個人在境內唯一的住宅，而以整個家庭計算（李先生和李太）則是在深圳的第二套住房。由於未超出兩套住宅的規定，李先生仍可享受契稅1%的優惠。

例二

假設港人李先生和李太在香港登記結婚，李太2004年在深圳羅湖已經購買了二套住宅，如今李先生在深圳再購買一套100平方米住房。雖然對於李先生而言，這是他個人在境內唯一的住宅，但以整個家庭計算（即李先生和李太）則是在深圳的第三套住房，李先生無法享受契稅優惠，需要按照契稅的標準稅率3%繳納。

## 印花稅

印花稅是對因房地產交易而產生的憑證所徵收的稅。印花稅的標準稅率為成交價的0.05%，買賣雙方在購買新房時都需要支付（包括用個人名義購買公寓，或以有限公司購買住宅或非住宅都要支付印花稅0.05%），但如果是個人名義購買住房，就可享受印花稅減免。

## 房屋維修基金

房屋維修基金是用於房屋公共部分的維修和保養。這部分費用一般由業主按照房屋面積或購房款的一定比例繳納，以確保公共設施的正常運作和房屋的長期價值。

在深圳購買新房時，維修基金一般和物業費一起以物管費的形式按月繳納。

大灣區其他城市則按照購買房產時一次性繳納維修基金(大約是樓價的1%，各城市可能存在少許差別)。若是向發展商購入的一手新樓，發展商會為每一個單位開立一個維修基金的存摺，購房者購入房產時要好好保存這個存摺。

## 3.5
# 付款手續
## （通過香港銀行匯款的手續）

大部分香港準買家會擔憂如何把首期資金或全部樓款匯到大灣區城市，因為以往每日港人只可通過銀行匯入等值人民幣 8 萬元到內地，又或者通過找換店匯入到內地發展商帳戶上，結果產生很多被扣押款項的新聞報道。

針對這個問題，內地相關部門於 2024 年 2 月 26 日起推出了一個政策：《港澳居民購買粵港澳大灣區內地城市房產結算支付便利化業務指引》（「業務指引」）。此指引規範了港澳境外資金如何匯往大灣區以購買物業。**香港買家可以將境外資金匯入發展商在大灣區內銀行所指定的監管帳戶**（匯款的交易附言應列明所購商品房的具體地址），銀行對於發展商使用監管帳戶資金有一定的要求。其中業務指引第四條指出開發商已辦理網簽備案及有購房相關的稅費證明材料，才可以向有關大灣區銀行申請使用監管帳戶的款項。那麼要從境外把購房款匯入內地，需要哪些資料呢？

根據筆者諮詢及走訪多家香港及內地銀行後，總結以下幾點：

❶ 買房定金的轉帳憑證；
❷ 發展商的定金收據（客戶支付定金後發展商會給客戶開一個收據）；
❸ 發展商跟客戶簽署的商品房認購書。

通常香港買家可以憑藉以上 3 項資料，從香港把購房款（包括首期付款或所有樓款）匯入發展商在銀行的監管帳戶。

# 3.6
# 按揭手續

## 內地銀行辦理內地房產按揭的手續及要求

大灣區城市大部分銀行都能提供大灣區物業按揭貸款予香港市民。大灣區內的銀行大部分都接受來源於香港的收入作為還款來源。港人毋須有內地收入及購買社保，僅需提供香港的收入證明及銀行流水。

客戶購買一手物業，一般只能選擇與發展商（指定物業）有合作的銀行做按揭（物業名單有機會更新，所以建議申請前必須先向銀行諮詢）；而二手物業則有較多選擇。客戶可以根據自身需求選擇心儀的銀行。無論是一手或二手，物業都將會抵押於該銀行，但房產證正本原件則不用放在銀行，可以自行保管。

### 一、銀行按揭條款

目前購買**住宅的按揭成數**可以最多做到 85%，利率可以按現時 LPR[4]-0.45%；貸款年期最多做到 30 年，但

4 LPR 是由中國人民銀行授權全國銀行間同業拆借的息率，每月 20 日定期公佈，2024 年 12 月 LPR 為 3.60%。

借款人年齡加上按揭年期最多不超過 75 年。如果夫妻同時作為借款人，則可以根據較年輕的那位計算貸款年限。購買**公寓按揭成數**只能做到 5 成，貸款利率為 LPR+0.6%。

## 二、放／還款地及抵押地

放款地及還款地是在內地銀行，內地銀行通常都會要求客戶在該銀行辦理一張個人銀行卡，所以選擇已有個人帳戶的銀行可以省卻這個步驟。

## 三、法制及法律文件

內地買賣物業並沒有強制要求由律師處理整個買賣過程。一般一手物業會由發展商協助完成按揭及買賣手續；而二手物業則會直接由銀行協助處理。

## 四、香港的購買物業的資金如何能匯入到大灣區

內地相關部門 2024 年 2 月 26 日起推出了《港澳居民購買粵港澳大灣區內地城市房產結算支付便利化業務指引》。此指引規範了港澳境外資金如何匯往大灣區購買物業，詳見本章 3.5 節的描述。

### 五、征信報告

申請按揭時銀行要查核借款人征信報告（即信用狀況），而征信報告需要由申請人提供。目前港人憑回鄉證可前往中國人民銀行深圳分行現場列印征信報告，但需要在人民銀行微信公眾號提前預約。根據我們向人民銀行的諮詢，港人可在部分深圳商業銀行的網點自助列印，有關網點可在中國人民銀行的公眾號查詢。以上網點可供港人憑藉回鄉證自助列印，每年可免費列印兩次，超過將按照人民幣 10 元 / 次收費。

### 六、辦理手續

按揭銀行收到客戶提供的征信報告，身份證明及收入證明等資料後，會對客戶做一個全面的評估，認為客戶符合貸款條件後，會發出一份貸款承諾函給客戶及發展商。簽署貸款合同後，按揭銀行也會盡快將放款轉至發展商監管帳戶。

## 香港銀行辦理內地房產按揭的手續及要求

有經營內地業務的香港銀行，一般都有提供大灣區一手物業按揭服務，使香港的準買家可以把指定的大灣區物業作按揭。每間銀行也有各自名單上的指定物業。綜合幾間銀行，發現名單上的通常是香港較有規模的發展商旗下的樓盤。

## 一、銀行按揭條款

大部分銀行可以批出估價或成交價的 6 成，或最高港幣 1,000 萬；利息約 P-1.75% 至 2.1%；最長年期為 30 年或 75/70 年（業主年齡加樓齡）；罰息期通常為 3 年。

## 二、放 / 還款地及抵押地

在香港銀行做按揭的特點是從放款到還款的過程都是在香港進行，借款人毋須先匯到內地的銀行再進行還款。有些銀行需要申請人開立一個內地的戶口，放款及還款是在香港銀行進行，然後銀行處理滙款到內地的程序。**物業亦是會直接抵押給香港銀行而非內地銀行**，惟該物業仍需在內地的不動產抵押中心作登記。

## 三、法制及法律文件

由於大灣區按揭牽涉到內地和香港不同的法律體制，所以於任何銀行申請按揭，都會牽涉到兩地律師費。筆者諮詢過有關銀行指定的律師行，得悉兩地合共的律師費需要大約數萬港元。當中包括中國公證文件、由內地律師陪同申請人（或直接委託內地律師）走訪不同政府部門（如不動產抵押中心）處理文件及辦理抵押手續等。

## 四、其他有機會衍生的費用

某些銀行會收取手續費及物業估價費，這些費用成本，以及往返內地的時間成本，都是買家需要考慮的因素。

## 五、基本入息要求及信用報告

銀行需要計算申請人的供款入息比率，此比率不得高於 50%；銀行亦會查冊申請人的香港信貸報告（TU Report）。信貸記錄的評分由 A 級至 J 級，評分最高為 A 級；影響此評分的因素主要是個人債務的多少，常見如私人貸款 / 車輛租貸 / 信用卡分期貸款；有否拖欠記錄（包括信用卡的拖欠記錄）。信貸評分可預測該申請人償還貸款的能力。因此評分愈高代表違約風險愈低，銀行便能夠批出較優惠的利率及貸款額。

相信有購買物業經驗的讀者會留意到上文並沒有提到壓力測試的要求。由於金管局於 2024 年 2 月 28 日起暫停實施物業按揭貸款假設利率上升 200 基點的壓力測試要求，因此銀行亦同樣放寬大灣區物業按揭壓力測試的要求。

## 六、辦理手續

相關的文件齊備後（見後頁「內地和香港銀行的按揭條款及要求」表格），可到銀行分行遞交申請，銀行會先進行內部審核，包括計算申請人的供款入息比／查冊信貸報告等。審批後銀行會開相關條款予貸款人，並會轉介到銀行指定的律師行辦理法律上的手續（包括內地及香港）。

非住宅物業方面，銀行亦是根據內部物業名單提供按揭服務，惟會提供非住宅按揭服務的銀行並不多。另外香港銀行對於內地二手物業的興趣亦不大，只有極少數銀行有機會做到，而按揭條款及要求與一手物業相若。

## 內地和香港銀行的按揭條款及要求

| 按揭 | 內地銀行 | | 香港銀行 | |
|---|---|---|---|---|
| 類別 | 住宅 | 非住宅 | 住宅 | 非住宅* |
| 成數(最高金額) | 85% | 50% | 60%(港幣 1,000 萬) | 不適用 |
| 利率 | 3.15% | 4.20% | 3.625% - 4.025% | |
| 年期 | 30 年 | 10 年 | 30 年 | |
| 信貸報告 / 征信報告 | 由申請人提供征信報告 | 由申請人提供征信報告 | 由銀行內部自行查冊信貸報告(Tu Report) | |
| 抵押給內地 / 香港銀行 | 內地銀行 | 內地銀行 | 香港銀行 | |
| 還款地(內地 / 香港) | 內地 | 內地 | 香港 | |
| 手續費類別 | 不適用 | 不適用 | 估價費 / 兩地律師費 / 手續費 | |
| 所需文件 | 內地銀行 | | | |
| | 香港身份證 | | | |
| | 港澳居民來往內地通行證 | | | |
| | 大灣區物業的認購書 | | | |
| | 定金的轉帳憑證及發展商的定金收據 | | | |
| | 近 3 個月的收入證明及半年的銀行月結單(香港收入證明必需要有香港公司的圓印) | | | |

* 香港銀行只接受各銀行內部的物業名單,而名單上大部分是住宅物業,所以可做按揭的非住宅物業機會很微,而名單也會不定時更新。

| 附註 | |
|---|---|
| **內地銀行** | **香港銀行** |
| 第一套住宅首付 15%，第二套首付 20%，公寓首期比例 50%。 | 如申請人本身有按揭，需把成數的上限下調 1 成。 |
| 深圳住宅第一套為：LPR - 0.45%，住宅第二套為 LPR - 0.05%。公寓利率為 LPR+0.6%(每月 20 日定期公佈更新的 LPR，截至 2024 年 12 月 20 日，5 年以上的 LPR 為 3.6%)。 | 香港銀行用最優惠利率 (prime rate (P)) 減特定的利率：1.75% - 2.1%。截至 2024 年 12 月，P 在 5.375% ~ 6.125%，通常大行的 P 會較低 (細 P)；而細行的 P 則較高。 |
| 住宅貸款年限最多做到 30 年，但借款人年齡加按揭年期最多不超過 75 年。 | 按揭年期最多做到 30 年，但借款人年齡加按揭年期最多不超過 70/75 年，即：70/75 - 業主的年齡。 |
| 憑回鄉證在招商銀行深圳上步支行、銀行中心區深圳支行、建設銀行華僑城深圳支行自行打印。內地銀行要求申請人供款佔入息比例不超過 50%。 | 香港的監管機構要求貸款申請人的供款佔入息比不得超過 50%(2024 年 2 月 28 日起不需要 +2% 的壓力測試)。 |
| 抵押給內地銀行，並需要在內地的不動產登記中心作登記。 | 抵押給香港銀行，亦需要在內地的不動產登記中心作登記。 |
| 需在同一銀行內開立個人帳戶。 | 有些銀行需要申請人開立一個內地的戶口，放款及還款是在香港銀行進行，由銀行處理滙款到內地的程序。 |
| 不適用 | 某些銀行會收取估價 / 成交價的 1.5% 作為手續費，有銀行也會收取估價費。香港及內地律師費大概數萬港元。 |

| 香港銀行 |
|---|
| 香港身份證 |
| 港澳居民來往內地通行證 |
| 大灣區物業的認購書 |
| 定金的轉帳憑證及發展商的定金收據 |
| 最近 3 個月的銀行月結單 / 糧單 / 存摺記錄 |

綜合內地及香港銀行辦理大灣區樓宇的按揭手續，有如下比較：

❶ 內地銀行及香港銀行都只是選擇部分發展商的物業做一手按揭，以減低發展商未能完工（爛尾樓）的風險。

❷ 內地銀行在按揭成數及按揭利率方面有優勢。

❸ 二手樓按揭方面，基本上絕大部分香港銀行是不做按揭的（這方面應牽涉銀行的風險問題，因為假如客戶不能還款，香港的銀行拿着內地的房契手續上也很難脱手拍賣）。

❹ 內地銀行要求借款人自己在內地做一份征信報告，而香港的銀行則會在內部審批時自行查閱借款人的信貸報告（TU Report）。

❺ 香港銀行是在香港放款給借款人，可以放款港幣、人民幣或其他外幣（配合借款人自己的收入來源），並在香港還款。

# 3.7 房產證

## 辦理房產證的手續

購房人拿到新房鑰匙後就可以辦理房產證。購買新房一般由發展商協助辦理房產證，但是在辦理房產證前，要確保已經繳納了契稅及維修基金。

一般在不動產登記中心需要提交以下資料辦理房產證：

❶ 不動產登記申請表（可在現場索取）；
❷ 身份證明材料；
❸ 發展商購房發票及契稅完稅憑證（發展商的購房發票是稅局認可的發票，是證明購房者已全額支付樓款）；
❹ 商品房買賣合同。

一般提交資料後，大約 7 個工作天業主就可領取房產證。

## 單獨擁有、共同共有及按份共有分別

相信大家都有買物業的經驗，如果是個人持有購入的房產，這個房產證為單獨所有（見下圖的房產證，顯示是由個人單獨擁有）。

**粵（　　）________ 不动产权第　　　　号**

| 权利人 | |
|---|---|
| 共有情况 | 单独所有 |
| 坐落 | |
| 不动产单元号 | |
| 权利类型 | 国有建设用地使用权/房屋所有权 |
| 权利性质 | 出让/市场化商品房 |
| 用途 | 批发零售用地，住宿餐饮用地，商务金融用地，其他商服用地/商业、金融、信息 |
| 面积 | 共有宗地面积：　　　　m²/房屋建筑面积：　　　m |
| 使用期限 | 国有建设用地使用权<br>2002年06月10日起，批发零售用地：2072年06月09日止；住客餐饮用地：2072年06月09日止；商务金融用地：2072年06月09日止；其他商服用地：2072年06月09日止； |
| 权利其他状况 | 房屋结构：钢筋混凝土结构；<br>共有土地面积：<br>分摊土地面积：<br>专有建　面积：　　　　;分摊建筑面积：<br>总层数：　　层；房屋所在层数：层；<br>房屋取得方式：购买<br>证件类型：港澳台身份证证件号码： |

除了有個人購入房產，也可由多人一同合資買入物業。

舉例如果由甲乙兩人合資買入一個廣州寫字樓單位，便會有**兩份的不動產證明書（俗稱房產證）**：甲乙兩人各持有一份房產證，而每一份房產證上註明他們是屬於共有的產權人。根據《民法典》二九七條：「不動產或者動產可以由兩個以上組織、個人共有。」共有包括**按份共有**和**共同共有**。

按份共有人對共有的不動產或者動產，按照其份額享有所有權。按份共有類似於英美法系的分權共有（tenant in common）（見下圖按份共有的房產證例子）。

**粵（　　）＿＿＿＿ 不动产权第　　号**

| 权利人 | | |
|---|---|---|
| 共有情况 | **按份共有，占有份额：1/2** | |
| 坐　落 | | |

共同共有人對共有的不動產或者動產，共同享有所有權。共同共有中，各共有人平等地對共有物享受權利和承擔義務，共同共有人的權利及於整個共有財產，行使全部共有權（見下圖共同共有的房產證例子）。

粵(　　)＿＿＿＿不动产权第　　号

| 权利人 | |
|---|---|
| 共有情况 | **共同共有** |
| 坐　落 | |

共同共有類似於英美法系的聯權共有（Joint Tenancy），香港俗稱為「長命契」。

用長命契方式擁有香港物業，倘若其中一位擁有人離世，尚存的擁有人就全數承受離世一方的份額。立遺囑人士毋須亦不能利用立遺囑的方式將其佔有的物業權權益贈與其他人士。**但這長命契跟內地的共同共有不同！**

舉例甲、乙是生意夥伴，他們共同在佛山購入一個寫字樓作為公司自用並以共同共有的方式持有物業。**當甲死亡後，乙並不會自動成為整個物業的產權人（這點與香港大大不同）**，甲的共同共有會按其遺囑由繼承人繼承。例如甲生前已有一遺囑，由其子丙繼承他寫字樓共同共有的產權。這樣，在甲死後這個物業就由乙及丙共同共有擁有這個寫字樓業權。

處分共有的不動產或動產以及對共有的不動產或動產作重大修繕、變更性質或用途，應當經佔份額三分之二以上的按份共有人或者全體共同共有人同意，但共有人之間另有約定的除外。

留意根據《民法典》三〇五條：「按份共有人可以轉讓其享有的共有的不動產或者動產份額。其他共有人在同等條件下享有優先購買的權利。」如果有關優先購買權的通知沒有定明期限，或記載的通知限期少於 15 日的，那麼法定的回覆限期是收到通知後 15 日內。

## 考考你

陳先生及胡先生是大學同學並且是好朋友。他們常常一同北上到內地旅行。其後他們合資，在中山購入一個公寓作為平時大家各自在中山遊玩時的住宿地方。

他們在 2023 年購入中山三鄉鎮一個公寓單位，價值為 400,000 人民幣，並且以按份共有形式各佔一半的份額，共同持有這個單位。

2024 年底，陳先生因為移民，想將他這半份的公寓權益轉賣給他的堂兄陳小明，並按 120,000 人民幣的價格出讓予陳小明，並在一個月之內分兩期支付。

陳先生同時亦詢問胡先生，是否願意受讓（承接）那半份業權，胡先生答覆 120,000 人民幣的價錢可以，但希望分期半年支付。

**陳先生可以以 120,000 人民幣的價錢出讓給堂兄陳小明，還是胡先生有優先購買權？**

按照《民法典》三〇五條：「按份共有人可以轉讓其享有的共有不動產，其他共有人在同等條件下享有優先購買的權利。」

陳先生已通知了胡先生在同等條件：120,000 人民幣的價格及一個月內以分兩次支付的條件，給予胡先生選擇是否願意受讓半份業權。胡先生的答覆是 120,000 人民幣的價錢可以，但需要分期半年支付。

雖然價格是相同，但付款條款不同，這樣就不是同等條件了。所以若在 15 天內胡先生沒有在同等條件下答覆，陳先生就可以以這個條件（120,000 人民幣及一個月之內支付）賣給他的堂兄陳小明。

# 3.8 買入二手房產的特別注意事項

## 一、簽訂購房合同前應完成的工作

1. 了解房產所在城市最新的限購相關政策規定，確保自身具備購房資格。若需要向銀行申請按揭貸款，了解住房信貸政策，確保自身具備貸款資格。個人的年齡、征信記錄、婚姻狀況、工資收入、銀行進出記錄以及購買房屋的樓齡、建築結構等因素均會影響貸款額度及年限（詳見本章3.6節有關按揭政策的說明）。

2. 若需要經中介介紹二手樓盤，應選擇已辦理工商註冊和房地產仲介機構備案手續的正規房地產中介公司諮詢及委託尋找合適的房源。與中介公司書面確定經紀服務的內容及完成標準、地產中介佣金收費標準和支付時間，並明確提出對房源選擇的要求。

3. 查驗《不動產權證》及向賣家核實房產上設立的抵押、租賃、居住權等權利情況，要求賣方在房產過戶登記前解除房產上的抵押等權利。如果出現居住權的情況，最好避免購入這類物業。若核實有租賃的情況，請見以下買賣不破租賃的說明：

## 買賣不破租賃

**A.《民法典》第七百二十五條：**

「租賃物在承租人按照租賃合同佔有期限內發生所有權變動的，不影響租賃合同的效力。」也就是説，二手房新買家買入的房產上如果還有未到期租約，且租客不選擇提前終止租約，新買家須承受該租約直至租約期滿。即在二手買賣物業中，新買家要繼續履行原賣家所簽訂仍然生效的租約。

**B.《民法典》第七百二十六條：**

「（房屋承租人的優先購買權）出租人出賣租賃房屋的，應當在出賣之前的合理期限內通知承租人，承租人享有以同等條件優先購買的權利；但是，房屋按份共有人行使優先購買權或者出租人將房屋出賣給近親屬的除外。」

即在二手買賣物業中，賣家出售物業予獨立第三者的情況下（近親屬及按份共有人除外），租客在同等條件下有優先購買權。同等條件包括購房金額、首付比例及時間。出租人履行通知義務後，承租人在 15 日內未明確表示購買的，視為承租人放棄優先購買權。留意這裏所指的近親屬包括：配偶、父母、子女、兄弟姊妹、祖父母、外祖父母、孫子女及外孫子女。

4. 查證房產權屬主體，確認房產所有權人。房產為夫妻共有財產／共同財產（不論房產證上是否有記載配偶姓名）[5]或存在其他共有人的，務必要求賣方與配偶或全部共有人達成出售的一致意見，並在購房合同中簽字。

5. 查清房產欠費情況。賣方拖欠的物業維修基金、有線電視、固話、寬頻、物業費、水費、電費、燃氣費等各項費用也需在房產交割前繳清。

6. 查清房產上登記的戶口、學位是否佔用，以及企業工商登記資訊，並要求賣家在房產過戶登記前遷出其戶口，歸還佔用的學位，變更相關企業登記資訊。[6]

5 夫妻的共同財產：根據《民法典》第一千〇六十二條：夫妻在婚姻關係存續期間所得的下列財產，為夫妻的共同財產，歸夫妻共同所有：

一、工資、獎金、勞務報酬；

二、生產、經營、投資的收益；

三、知識產權的收益；

四、繼承或者受贈的財產，但是本法第一千零六十三條第三項規定的除外（即遺囑或者贈與合同中確定只歸一方的財產）；

五、其他應當歸共同所有的財產。夫妻對共同財產，有平等的處理權。

6 在內地部分地區，發展商所開發的住宅與房產所在地的某些學校掛鉤，業主的子女有名額（學位）可以報讀該學校；留意要查察已佔用學位房的學額（小學、中學）至哪一年。

## 二、簽訂購房合同時須注意的事項

1. 務必仔細閱讀合同（包括中介服務合同、房屋買賣合同等）的每一個條款。不明白之處，可要求賣方或中介公司逐一解答。

2. 合同所有條款不可留有空白，切勿在空白紙張上簽名，**一定要買賣雙方當面簽署**。非當面簽名的合同，無法判斷是否為當事人本人簽名；如非當事人本人簽名且未經當事人追認的，合同無效。

3. 應在合同條款明確約定的事項：a. 房產交易稅費由誰承擔；b. 房屋存在抵押的由誰出資贖契、辦理贖契的期限等；c. 合同中應明確房款支付條件或時間期限、支付方式等；d. 如房屋有租戶、居住權人、應如何處理；e. 戶口、工商註冊資訊是否遷出或登出、學位是否佔用；f. 如需保留家具家電，列明家具家電清單。

4. 簽約後支付定金[7]的注意事項：a. 定金支付比例，建議不超過合同金額的 20%，超過部分不產生定金的效力；b. 支付定金後，務必要求賣方本人當面出具收據並簽名；c. 定金務必支付給賣方本人，切勿支

7 定金跟訂金不同：定金是正式的法律概念，而訂金並非法律概念。定金，具有擔保合同履行之意，支付定金方（買家）不履行合同無權請求返還定金，而接受定金（賣家）的一方不履行合同應當雙倍返還定金。

付給無代收房款許可權的委託代理人或中介公司及經紀人。

5. 促成簽約後，通過各地存量房（即香港所稱的二手樓）網上交易系統，買賣雙方辦理存量房網簽手續。網簽合同重要條款應與此前簽署的房屋買賣合同一致，網簽手續及合同防止賣家一房兩賣。通過報低交易價格逃避稅費或報高交易價格騙取貸款（俗稱陰陽合同）均屬違規行為。

## 三、支付房款及交樓過戶

1. 交易資金託管：房屋交易涉及大額資金，建議買賣雙方選擇交易資金託管方式，以保障交易資金安全。買賣雙方與銀行簽訂託管協議，約定託管資金的金額、存入日期，託管資金在達到約定的劃款條件（如遞件、完稅、過戶成功），銀行會依照託管協定約定進行交易資金劃付。**一般資金劃付條款是買賣雙方在不動產登記中心已辦理轉名手續後，銀行作為託管方才把購房款項轉給賣方。**如果交易不成功，託管機構會按約定，將託管帳戶內的資金退回買方帳戶。[8]

8 在香港買賣樓宇，無論一手或二手，律師均是作為資金託管方（代收買家的樓款並支付賣家的律師）。但在內地買賣樓宇，尤其二手樓，一般是認可的銀行作為資金託管方，而不是找律師作為資金託管方。

2. 房產過戶登記：買賣雙方向不動產登記中心申辦存量房（即二手房）轉移登記。

如買方選擇按揭貸款的，不動產登記部門完成「抵押登記」手續後，銀行會把按揭貸款直接轉入指定的賣方銀行帳戶，即按揭貸款不會經過買家的私人帳戶。

3. 房產交割：賣方向買方交付房產，須同時配合辦理物業登記、水電、燃氣帳戶變更手續。

# 活用所購房產

這一章將講解購入房產，交納契稅，並取得房產證之後，該房產除了自用、自住外尚可作甚麼用途。例如：取得房產證後再抵押給銀行借錢（再融資），或者將這個房屋出租別人收租；若購入的是公寓、商舖或寫字樓還可以作為公司註冊，在內地經營小生意。除此以外，我們還介紹一種內地很新的概念：將物業給予需要照顧的人居住，直至他過世。

# 4.1 取得房產證後在銀行再融資

在取得房產證後，業主可把該物業以抵押形式向銀行申請現契套現（再融資）。內地及香港銀行同樣有提供以大灣區物業作為抵押品，為業主們提供多一個融資選項。

## 在內地銀行再融資的手續

內地銀行只接受**以住宅作為再融資物業**，非住宅不能抵押。如果是香港業主，還需要其名下有一間內地公司（包括有限公司或者個體戶），並以**公司的名義**申請貸款（內地稱為經營貸），住宅物業則作為抵押，公司與住宅單位必須在相同的城市。

### 一、銀行按揭條款

經營貸最長貸款期限是 10 年，每 3 年需要重新簽約（續簽）。利率會因銀行、貸款期限、借款人本身還款能力、公司經營的業務及擔保方式等因素而有所不同，經營貸利率約在 2.8% 到 3.7%。

### 二、貸款用途限制

由於銀行要求以公司名義貸款，所以貸款的用途限制在**只能用於公司日常經營使用**。

### 三、放 / 還款地及抵押地

貸款會放款到申請人名下的內地公司帳戶內，還款方式則是先息後本，而物業則會抵押給內地的銀行。

### 四、辦理手續及要求

公司需已註冊滿一年及正常經營，能提供供應商及客戶合同或增值稅發票及公司帳戶銀行月結單。公司性質以及經營範圍不能是娛樂、美容、地產、金融等。公司名下不能有訴訟、異常、處罰等情況。

業主是個體戶東主或是有限公司的法人或實際控制人，並且需要征信報告正常。部分銀行要求門檻較低，提供以大灣區物業作為抵押品的業主可以是個體戶東主本人或有限公司法人、實際控制人之直系親屬（配偶、父母）。如果借款人的年齡在 60-70 歲的話，銀行會要求借款人年齡加借款期限的總數不大於 70。

抵押物業必須是公司所在地的住宅單位。銀行放款前也會對抵押物進行評估，一般貸款額度不會超過評估價的七成。

## 在香港銀行再融資的手續

並不是所有人灣區物業也為香港銀行所接受作抵押品；跟一手物業按揭一樣，每間銀行也會有各自的物業名單，亦都會要求提供物業的地址作初步估值，而名單上的指定物業基本上絕大部分都是住宅物業。

申請現契套現（再融資）的手續及條款都跟一手物業按揭很相似：

### 一、銀行按揭條款

成數約 5~6 成，最高為 1,000 萬港幣，利率 P-1.75% 至 2.1%，年期由 20 至 30 年或業主年齡加樓齡不超過 75 年（其中樓齡不可多於 40 年）；一般情況下，如在按揭期首 3 年內提早贖回，會有罰息。

### 二、放 / 還款地及抵押地

貸款的放款及還款是由香港的銀行處理，物業亦會抵押給香港的銀行，惟仍需要在內地不動產抵押中心作登記。

## 三、法制及法律文件

抵押大灣區的物業亦會涉及內地和香港法律，所以亦會牽涉到兩地的律師費；而手續的辦理程序和一手物業按揭相似，亦會有些銀行有相應的手續費和估價費。以大灣區物業向香港銀行申請再融資，貸款申請人必須是擬抵押物業的業主。

## 四、貸款用途限制

現契套現的貸款用途並沒有限制，而貸款人在申請時只需向銀行說明用途：如投資股票、私人公司資金週轉等等。整筆貸款成功批核後將會直接滙到貸款人的個人銀行帳戶之中，而貸款人只需在香港的銀行處理每期還款便可。

## 五、其他有機會衍生的費用

與一手物業按揭相似，除律師費外，有銀行會收取手續費及物業估價費。這些費用會額外衍生數萬港元的支出。

## 六、辦理手續及要求

申請的要求大致上和按揭相似，需要通過收入供款比例少於 50% 的要求；銀行亦會查冊貸款人的信貸報告。

如貸款人已經有一些私人貸款，成數及貸款額便有機會減少，而且銀行批出利率也會受影響。先把相關的文件（見後頁「內地和香港銀行再融資的條款及要求」表格）備妥後，到銀行分行遞交申請，銀行會先進行內部審核，包括計算申請人的供款入息比／查閱信貸報告等。審批後銀行會開出相關條款予貸款人，並會轉介到銀行指定的律師行辦理法律手續（包括香港及內地）。借款人需要往返內地的政府部門辦理內地房產抵押登記手續。以下用一例子說明及參考：

**例子**

謝先生在 2004 年於深圳福田區購入一套住宅，當年買入價是 80 萬港幣，現時大約市值 600 萬港幣而且並無按揭。物業是香港有名的上市發展商開發的。

謝先生現時 45 歲，職業是一名工程師，月薪是 35,000 港幣。他在香港有一個私人貸款，每月需要還款 5,000 港幣，尚需要供款 3 年。他在香港並沒有其他供款。

他現在家裏有急事，需要大約 3 百萬港幣，他想用深圳物業向香港銀行抵押，最多可以借到多少錢？

銀行會先為這個物業進行估價；雖然此物業的市值約 600 萬港幣，但仍然有機會出現銀行估價不足的情況，我們先保守估計銀行估價只有市值的九成，即 540 萬。所以單看這個物業而言（還未考慮謝先生個人還款能力），最高貸款成數約五至六成，即 270 至 324 萬港幣。

銀行需考慮借款人的收入、信貸報告、利率等因素去釐定最終貸款額。把謝先生的私人貸款及他的收入加入考慮後，他最高還款額最多是？申請現契套現貸款最高的貸款額是多少？

計算謝先生最高還款額 50% 入息佔供款比率：月薪：$35,000/2 = $17,500，然後再扣除謝先生每月的私人貸款還款：$17,500 - $5,000 = $12,500

所以把謝先生私人貸款的還款額加以考慮後，他現時最高還款額是 $12,500。假設謝先生的信貸評級是 A 級，銀行開出最好的利率（3.625%），加入考慮後，謝先生只能貸款約 190 萬至 240 萬左右。

所以筆者的結論是雖然謝先生所擁有的物業最高能套現約 324 萬港元，但以謝先生的還款能力未必能夠申請到足夠的貸款額以應付他的資金需求。

另說明有關一般手續及律師費等。

先諮詢銀行現時所持有的物業是否銀行名單上的指定物業，並齊備 4 項文件：

i) 香港身份證；

ii) 港澳居民來往內地通行證（回鄉證）;

ii) 最近 3 個月的銀行月結單 / 糧單 / 存摺紀錄；

iv) 大灣區物業的房產證。

銀行會轉介他們的指定香港律師處理文件，而香港律師亦會轉介到他們合作的內地律師處理內地文件的部分。

申請人有機會需要往返內地政府部門辦理手續。過程中內地律師亦會陪同貸款人處理相關手續（有些律師會建議委託內地律師代表貸款人去處埋文件，貸款人須謹慎細閱及留意律師解釋委託書的內容）。

完成所有手續後，大概 3 星期會完成整個批核。

當中，將會牽涉到相關的費用（先當作銀行批出的貸款額為 240 萬）:

i) 手續費（貸款額的 0.5%：$2.40m x 0.5%）
$12,000

ii) 兩地律師費 $40,000

iii) 估價費 $10,000

iv) 往返內地差旅費 $1,000

所以謝先生在申請現契套現時，也需要考慮其他會衍生的成本，約 $63,000。

## 內地和香港銀行再融資的條款及要求

<table>
<tr><th>再融資</th><th colspan="2">內地銀行</th><th colspan="2">香港銀行</th></tr>
<tr><th>類別</th><th>住宅</th><th>非住宅</th><th>住宅</th><th>非住宅</th></tr>
<tr><td>成數（最高金額）</td><td>70%</td><td rowspan="9">不適用</td><td>50~60%（港幣 1000 萬）</td><td rowspan="9">不適用</td></tr>
<tr><td>借款人</td><td>內地公司 #</td><td>個人</td></tr>
<tr><td>利率</td><td>2.8 ~ 3.7%</td><td>3.625 ~ 4.025%</td></tr>
<tr><td>年期</td><td>10 年</td><td>20~30 年 / 75 或 70-業主年齡</td></tr>
<tr><td>信貸報告 / 征信報告</td><td>由申請人提供征信報告</td><td>由銀行內部自行查冊信貸報告（TU Report）</td></tr>
<tr><td>抵押給內地 / 香港銀行</td><td>內地銀行</td><td>香港銀行</td></tr>
<tr><td>還款地</td><td>內地</td><td>香港</td></tr>
<tr><td>貸款用途限制（有 / 無）</td><td>有</td><td>無</td></tr>
<tr><td>手續費類別</td><td>估價費</td><td>估價費 / 兩地律師費 / 手續費</td></tr>
<tr><td rowspan="6">所需文件</td><th colspan="4">內地銀行</th></tr>
<tr><td colspan="4"></td></tr>
<tr><td colspan="4"></td></tr>
<tr><td colspan="4"></td></tr>
<tr><td colspan="4">內地公司近半年的銀行月結單</td></tr>
<tr><td colspan="4">內地公司營業執照</td></tr>
</table>

# 公司營運 1 年以上，並能提供供應商及客戶合同。公司經營範圍不可以是娛樂、美容、地產及金融，並且公司沒有任可訴訟 / 處罰等情況。

| 附註 | |
|---|---|
| 內地銀行 | 香港銀行 |
| 第一套住宅首付 15%，第二套首付 20%，公寓首期比例 50%。 | 如申請人本身有按揭，需把成數的上限下調一成。 |
| 抵押物業的業主需為內地公司的東主、公司法人、實際持有人或直系親屬。 | 申請人必須是業主本人。 |
| 利率高低受借款人本身還款能力、公司經營的業務及擔保方式等因素影響。 | 香港銀行用最優惠利率 (prime rate (P)) 減特定的利率：1.75% ~ 2.1%。截至 2024 年 12 月 P 在 5.375% ~ 6.125%，通常大行的 P 會較低 ( 細 P)；而細行的 P 則較高。 |
| 每 3 年需要重新簽約 ( 續簽 )。 | 年期最多做到 30 年，但借款人年齡加按揭年期最多不超過 70/75 年。 |
| 憑回鄉證在招商銀行深圳上步支行、銀行中心區深圳支行、建設銀行華僑城深圳支行自行打印。內地銀行要求申請人供款比例不超過 50%。 | 香港的監管機構要求貸款申請人的供款佔入息比不得超過 50%(2024 年 2 月 28 日起不需要 +2% 的壓力測試 )。 |
| 抵押給內地銀行，並需要在內地的不動產登記中心作登記。 | 抵押給香港銀行，亦需要在內地的不動產登記中心作登記。 |
| 內地銀行放款到內地公司銀行帳戶。 | 放款到香港個人帳戶，還款是在香港銀行進行。 |
| 貸款只能用於公司的營運。 | 沒有用途限制。 |
| 估價費視乎不同銀行要求。 | 某些銀行會收取估價 / 成交價的 1.5% 作為手續費，有銀行也會收取估價費。香港及內地律師費大概數萬港元。 |
| 香港銀行 | |
| 香港身份證 | |
| 港澳居民來往內地通行證 | |
| 大灣區物業之房產證 | |
| 申請人最近 3 個月的銀行月結單 / 糧單 / 存摺記錄 | |
| | |

* 香港銀行只接受各銀行內部的物業名單，而名單上大部分是住宅物業，未見透露有否非住宅物業；而名單會不定時更新。

綜合內地及香港銀行辦理大灣區樓宇的再融資手續，有如下比較：

❶ 內地銀行在再融資方面，只會通過經營貸款（經營貸）的方法給予融資，借款人必定是內地的企業，至於提供再融資抵押的房產基本上是要處於同一個城市。當然貸款金額亦會考慮有關內地企業的經營狀況。

❷ 香港銀行方面，借款人只能是持有內地物業的產權人；筆者詢問過部分香港銀行，其對借款人的貸款用途不會詳細查詢，當然借款人的供款能力亦限制了有關的借款額。

❸ 香港銀行方面，有關手續費及律師費（包括香港及內地律師費）都不便宜，所以要考慮如果貸款額太少是否值得。

❹ 香港銀行都只是選擇部分的樓盤做再融資貸款（應通過銀行內部的審核後才願意做按揭）。

❺ 香港銀行是在香港放款給借款人，可以放款港幣或人民幣（配合借款人自己的收入來源），並在香港還款。

# 4.2 房產出租

以下將比較和分析以**個人**或**有限公司**購入、持有及出租物業的主要稅項。[1]

## 以個人購入、持有及出租物業的主要稅項

| 持有人 | 個人 | 個人 | 個人 | 個人 |
|---|---|---|---|---|
| 物業種類 | 住宅 | 住宅 | 非住宅 (1) | 非住宅 |
| 用途 | 自用 | 出租 | 自用但非經營 (2) | 出租 |
| 稅種 | **契稅** | **契稅** | **契稅** | **契稅** |
| 稅率 (3) | 1% | 3% | 3% | 3% |
| 稅種 | **豁免** | **房產稅** | **豁免** | **房產稅** |
| 計算基準 | 不適用 | 租金收入 | 不適用 | 租金收入 |
| 稅率(每年) (4) | 豁免 | 4% | 豁免 | 12% |
| 稅種 | **增值稅** | **增值稅** | **增值稅** | **增值稅** |
| 稅率 (5) | 豁免 | 1.5% | 豁免 | 5% |
| 稅種 | **豁免** | **個人所得稅** | **豁免** | **個人所得稅** |
| 稅率 (6) | 豁免 | 10% | 豁免 | 20% |

1 現時在大灣區城市，無論以個人或公司持有物業出租，均需要在當地城市辦理租賃合同的備案。

另據我們在 2025 年 3 月的查證：現時在大灣區城市中，港人以個人在深圳、廣州、佛山及東莞這 4 個城市購入住宅時，需要作出一個自住聲明書；另港人在廣州購入非住宅（例如公寓）亦需要作出自用聲明書（即原則上不能出租）；在其他大灣區城市購入住宅及非住宅（例如公寓），則沒有作出自用聲明書的要求。另外，港人以內地有限公司購入住宅或非住宅，也沒有自用聲明書的要求。

總括來説，無論以個人或公司持有物業，簽署了自用聲明的，原則上不可以出租；不需要簽署自用聲明的，原則上都可以出租。

**按：**

❶ 非住宅是指公寓、寫字樓或商舖等。

❷ 若個人購買非住宅（例如商舖）用於自我經營業務，原則上從生產經營開始計起都要繳納房產稅，每年1.2%。

❸ 根據財政部等三部門發佈《關於促進房地產市場平穩健康發展有關稅收政策》，於2024年12月1日起執行：對個人購買家庭唯一住宅面積為140平方米及以下的按1%的優惠稅率徵收契稅，面積為140平方米以上的按1.5%的優惠稅率徵收契稅。（契稅的標準稅率是3%）

❹ 個人出租非住宅的房產稅為租金收入的12%，而個人出租住房房產稅按4%優惠計算。

❺ 個人出租房產（包括住宅及非住宅）的增值稅標準稅率為5%。以個人出租住宅的增值稅按1.5%優惠計算。一般租金收入已包含了增值稅在內（即俗稱價內稅）。所以計算增值稅時，先將含稅價除以（1+5%）變為非含增值稅的價格，再乘以所對應的增值稅稅率。

❻ 個人出租物業，除了交納房產稅後，尚需要支付個人所得稅（按財產租賃所得），一般稅率為20%，但若個人出租住房，現時暫按10%繳納個人所得稅：這個稅是先扣除租金收入的房產稅及實際修繕費用（人民幣800元

為限），然後再扣除租金的法定免稅額（人民幣800元或租金收入的20%，高者為準），後再按優惠10%計算交納個人所得稅。

我們嘗試用前頁圖表解釋內地的狀況：

### A. 以個人持有物業（住宅或非住宅）

1. 在內地，無論用個人或有限公司持有物業，購入物業的時候都需要支付契稅。契稅的標準稅率為3%。但如果是以個人購入住宅作為自用，按最新的政策（2024年12月1日財政部等三部門發佈《關於促進房地產市場平穩健康發展有關稅收政策》的公告）140平方米以下及家庭首兩套的住宅，契稅按優惠1%收取（契稅的標準稅率是3%）。
2. 若以個人購入住宅，在購入住宅時交納契稅後，在持有這套住宅的期間，沒有其他主要稅費要再支付。
3. 若持有住宅後再用於出租，這個當然需要支付出租收入的「房產稅」。這個按現時優惠個人出租的政策：按出租收入的4%交納房產稅（出租物業標準房產稅稅率是12%）。
4. 除了租金收入要繳納房產稅，若以個人出租房產，還需要支付增值稅：

個人出租房產的增值稅標準稅率為 5%。

而個人出租住宅的增值稅按 1.5% 優惠計算。

一般租金收入已包含了增值稅在內（即俗稱價內稅）。

所以計算增值稅時，先將含稅價除以（1+5%）變為非含增值稅的價格，再乘以所對應的增值稅稅率。

5. 除了租金收入要繳納房產稅及增值稅外，因為是個人持有住宅，所以還需要支付租賃財產所得的**個人所得稅**。這個人所得稅是先扣除租金收入的房產稅及實際修繕費用（人民幣 800 元為限），然後再扣除租金的法定免稅額（人民幣 800 元或租金收入的 20%，高者為準）；後再按優惠 10% 計算交納個人所得稅。[2] 這 10% 稅率屬於優惠政策，因為租賃財產所得收入的個人所得稅標準稅率為 20%。

## 有限公司持有物業自用及出租的主要稅項（不分住宅或非住宅）

### 自用

| | | |
|---|---|---|
| 契稅（購入時） | 住宅 / 非住宅 | 3% |
| 房產稅（每年） | 住宅 / 非住宅 | 1.2%（按房價扣除 10% 至 30% 後為計稅基準） |

2 有關增值稅是屬於流轉稅，並不能在個人所得稅內扣除。

**按：**

❶ 以有限公司持有物業，按 3% 標準稅率交納契稅。

❷ 以有限公司持有住宅並且自用，仍需要交納房產稅，房產稅的計稅基準為房價（按當地城市扣除 10% 至 30% 後），再乘以每年 1.2% 的稅率。

## 出租

| | | | |
|---|---|---|---|
| **增值稅** | 一般納稅人 (1) | 9% | 出租物業標準增值稅稅率 |
| | 小規模納稅人月銷售額 >10 萬 | 5% | 2023.1.1~2027.12.31 |
| | 小規模納稅人月銷售額≦ 10 萬 | 免稅 | 2023.1.1~2027.12.31 |
| **房產稅（每年）** | 非住宅 | 12% | 出租物業標準房產稅稅率 |
| | 向個人出租用於居住的住房 | 4% | (3) |
| **企業所得稅** | 小型微利企業 (2) | 5% | 2023.1.1~2027.12.31 |
| | 非小型微利企業 | 25% | 出租物業標準企業所得稅稅率 |

**按：**

❶ 一般納稅人與小規模納稅人的分別是小規模納稅人每年營業額不超過 5,000,000 人民幣。當年度營業額超過 5,000,000 人民幣時，小規模納稅人強制轉為一般納稅人。一般納稅人不會降級為小規模納稅人。

❷ 小型微利企業（可以是一般納稅人與小規模納稅人），是指從事國家非限制和禁止行業，且同時符合年度應納稅所得額不超過 300 萬人民幣、從業人數不超過 300 人、資產總額不超過 5,000 萬人民幣等 3 個條件的企業。

❸ 自 2023 年 1 月 1 日至 2027 年 12 月 31 日，對增值稅小規模納稅人、小型微利企業和個體工商戶減半徵收資源稅（不含水資源稅）、城市維護建設稅、房產稅、城鎮土地使用稅、印花稅（不含證券交易印花稅）、耕地佔用稅和教育費附加、地方教育附加。即已享受其他優惠政策下，符合資格的增值稅小規模納稅人、小型微利企業和個體工商戶仍然可以按以上的（六稅二費）再減半。

## B. 以有限公司持有物業（住宅或非住宅）

1. 如果以有限公司購入一套住宅，購入住宅時同樣要繳納契稅，但就按標準 3% 交納而沒有優惠。
2. 有限公司購入一套住宅是作自用，而不是用作出租（沒有租金收入），這情況下，有限公司仍要按房價（扣除當地標準 10% 至 30% 後）再乘以 1.2%，每年交納房產稅。（這是一個不少的數目）
3. 以有限公司持有物業，每年要繳納租金收入的房產稅：每年的稅費是租金收入的 12%。
4. 以有限公司持有物業出租，若為一般納稅人企業，出租物業的增值稅標準稅率為 9%。

一般租金收入已包含了增值稅在內（即俗稱價內稅）。

所以計算增值稅時，先將含稅價除以（1+9%）為非含增值稅的價格，再乘所對應的增值稅稅率。

5. 所以交了租金收入後，仍然要呈交財務報表給當地稅務局，如果有利潤之下，另外再要繳納企業所得稅，標準稅率是 25%。

我們嘗試以例子來說明以上的分別：

**例子（按 3.1 節案例作補充）**

陳先生看到現在大灣區大部分城市都消除限購，他想在中山石岐區購入一套住宅單位。他打算用 1,200,000 人民幣購入面積 100 平方米左右的一個中山住宅單位。

陳先生打算購入住宅後首兩年是自用，第三年開始他有可能出租。他問過中山的中介，以他的單位面積計算可以每月有 4,000 人民幣租金。

他聽別人說也可以用有限公司購入內地單位，現分析用個人及有限公司購買住宅並作出租之優點及缺點（此案例以人民幣為單位）。

**A. 以個人持有中山住宅單位並出租**

1. 若陳先生在內地只持有這一套中山住宅，他能夠按照最新的優惠，按 1% 支付契稅（詳見 3.3 節購入物業的稅率）。若陳先生以有限公司購入，就要按基本稅率 3% 支付契稅。

2. 購入後首兩年他是自用，自用沒有房產稅的產生。

3. 但若第三年開始他打算出租，即個人持有住宅出租，他需按月租金 4,000 元收入的 4% 繳納房產稅，即每月為 160 元房產稅。

4. 增值稅：先將含稅價除以（1+5%）變為非含增值稅的價格，再乘以所對應的增值稅稅率：

¥4000÷（1+5%）×1.5% = ¥57

5. 另外他需要支付租賃財產所得的個人所得稅：這個稅是先扣除租金收入的房產稅及實際修繕費用（800 元為限），然後再扣除租金的法定免稅額（800 元或租金收入的 20%），高者為準；後再按優惠 10% 計算交納個人所得稅（按：有關增值稅是屬於流轉稅，並不能在個人所得稅內扣除）。

故他每月另需支付的個人所得稅為：（租金收入 ¥4000 - 房產稅 ¥160 - 法定免稅額 ¥800）×10% = ¥304

故每個月陳先生需要交納的稅費：

房產稅（￥160）+ 增值稅（￥57）+ 個人所得稅（租賃財得所得）（￥304）= ￥521

讀者可能會被嚇怕了，出租房屋要交這麼多種稅及稅費，但在大灣區內每一個城市都會推出限時的綜合稅優惠，若讀者有房產出租時，宜向當地的會計師／稅務師查詢有關當地城市的特別優惠。

**B. 以有限公司持有中山住宅單位並出租**

1. 若陳先生以有限公司持有住宅，首先他需要成立一家內地的公司（香港人需要在內地成立一個外商投資企業有限公司，這會有一個費用的產生）。

2. 首兩年他雖然是自用，但因為他用有限公司持有物業，需要繳納房產稅，每年的房產稅是按照房價（扣除 10% 至 30% 後）的 1.2% 作為每年的房產稅支出。

3. 假設中山稅局可以以 30% 扣減作為計算房產稅的基準：

￥1,200,000×（1-30%）= ￥840,000

則第一及第二年的房產稅，每年的房產稅為（年度交）：

￥840,000×1.2% = ￥10,080

4. 若第三年開始他出租此住宅，就按照 4,000 元租金收入的 12% 繳納房產稅。故每月的房產稅為 480 元。

5. 到了第三年，他出租這個物業除了繳交房產稅外，還需要繳交增值稅。

一般租金收入已包含了增值稅在內（即俗稱價內稅）。

所以計算增值稅時，先將含稅價除以（1+9%）變為非含增值稅的價格，再乘以所對應的增值稅稅率：

¥4,000 ÷（1+9%）×9% = ¥330

6. 到了第三年，他出租這個物業除了繳交房產稅外，還需要繳交企業所得稅。假設這個公司沒有其他收入及費用，陳先生需要每月再繳交的企業所得稅為：

（¥4,000-¥480）×25% = ¥880

（按：有關增值稅是屬於流轉稅，並不能在企業所得稅內扣除）

故第三年開始陳先生出租此住宅，每個月他需要交納的稅費：

房產稅（¥480）+ 增值稅（¥330）+ 企業所得稅（¥880）= ¥1,690

（相對於租金，所有主要稅費加起來的百分比是 42%！）

讀者可能會害怕，無論以個人或有限公司持有物業出租，所涉及的税種及税率很龐大，但要留意，這是國家税務局的標準政策，現時大灣區各國城市都有限時的優惠税率政策給予以個人出租的。

舉例，港人以個人持有深圳住宅，出租給一家深圳公司作員工住宅。假設須提供專用發票憑證給這家深圳公司報銷記帳之用，則在深圳以個人持有物業出租的，按照綜合税率 4.0525%（含房產税 2%、增值税 1.5%、個人所得税核定 0.5% 及增值税附加 0.0525%），都比現時國家的標準税率低很多（這個深圳税務局給予的綜合税優惠至 2027 年 12 月 31 日止）。

至於以有限公司持有物業出租，並沒有以上所說的綜合税率的優惠。

但是如果按頁 107 表格所示，如果一個有限公司屬於小規模納税人，而月租金少於 10 萬元，增值税是免税；另外如果出租予個人住房，可以按優惠 4% 交納房產税；及如果有限公司屬於小型微利企業，可以 5% 優惠交納企業所得税。如是，小型微利企業有限公司持有物業及月租金少於 10 萬元，總税率是 9%（4% 房產税 +5% 優惠的企業所得税）。

若讀者有實際出租情況，可以諮詢個別城市的會計師或税務師。

# 4.3 房產使用作公司註冊

如果大家購入的是非住宅單位（例如公寓、寫字樓或商舖），大家也可以用這個單位地址在內地註冊公司並經營業務。

當然如果購入的是商住公寓也可以註冊公司作為商業及住宿（以房產證登記的訊息為準）。

很多年前香港也有很多類似**前舖後居**的狀況。現時很多商住公寓屬於複式，這樣可以作為「下舖上居」（下層經營業務及上層住宿）的情況。

港人在內地經營業務，一般可以註冊兩種類型的公司：**個體戶**或**外商投資企業**。個體戶是類似於香港的獨資無限公司（sole-proprietorship）。

個體戶的最大特徵，就是類似於香港的**無限公司**，如果個體戶企業欠債，不能償還對外債務的時候，東主個人會承擔這些債務並且沒有上限，即俗稱「**上身**」的意思。

至於外商投資企業是屬於**有限責任公司**，其股東承擔以其認購的股本金額為限，例如若註冊資本是 200,000 人民幣，當股東已注入其應繳的 200,000 註冊資本後，股東作為投資人並不再承擔公司對外的負債。

個體工商戶可以從事的經營範圍包括零售、餐飲、電腦服務、廣告製作、診所、經濟貿易諮詢和企業管理諮詢等在內的多種行業。如果是小本經營的，也可以嘗試在其持有的商住單位或寫字樓內註冊個體戶經營以上的業務。外商投資企業可經營的類別則更多元化，但註冊的要求及成本會較高。

讀者可參看後頁「港人在內地可註冊的兩類企業之法律特徵」列表的詳細說明。

## 港人在內地可註冊的兩類企業之法律特徵

| | 個體戶 | |
|---|---|---|
| 股東身份類別 | 作為《內地與香港關於建立更緊密經貿關係的安排》（CEPA）的一項優惠政策，香港永久性居民中的中國公民可以依照內地有關法律、法規和行政規章，在內地各省、自治區、直轄市設立個體工商戶，毋須經過外資審批，沒有從業人員人數和經營面積的限制。 | |
| 股東或東主承擔的責任 | 東主無限承擔責任（俗稱「上身」），即東主對於公司的負債，須承擔無限金額或簡稱無限責任。 | |
| 股本 | 個體戶沒有註冊資本的要求（即沒有要求股東最低要投入多少錢），只須如實申報資金數額。 | |
| 公司對外承擔的責任 | 承擔無限金額，或簡稱無限責任。 | |
| 納稅形式 | 個體戶的納稅形式為個人所得稅，由年度收入扣除成本費用的利潤，按個人所得稅五級超額累進稅率，由 5% 至 35% 不等。 | |
| 經營範圍 | 個體工商戶可以從事的經營範圍包括零售、餐飲、電腦服務、廣告製作、診所、經濟貿易諮詢和企業管理諮詢等在內的多種行業。 | |
| 經營場所證明 | 房屋擁有者應該提供所租房屋的《房屋所有權證》作為經營場所的房屋，其《房屋所有權證》上列明的房屋用途一般須為商業用途。 | |

| | 外商投資企業 |
|---|---|
| | 投資者（即股東）為港澳自然人或是境外企業（例如香港的有限公司）。 |
| | 有限責任，以股東承擔其認購股本的金額為限；例如註冊資本是200,000 人民幣，當股東已注入其應繳的 200,000 人民幣註冊資本後，股東作為投資人並不再承擔公司對外的負債。股東要在5 年內從香港投入股本。 |
| | 註冊資本是指為設立外資企業在市場監督管理部門登記的資本總額，即外商投資企業的投資者應繳的全部出資額。投資者以該出資額為限，對外資企業的債務負責。有註冊資本的要求，並且要在 5 年內從香港投入股本。 |
| | 同左 |
| | 外商投資企業的納税形式為企業所得税。企業所得税的標準税率為 25%；國家不定期會有不同的優惠政策。 |
| | 《外商投資准入特別管理措施（負面清單）（2021 年版）》，將全國外資准入負面清單條目減至 2021 年的 31 條。對於負面清單之外的領域，按照內外一致的原則管理，給予外商投資企業投資。經營範圍包括零售、餐飲、電腦服務、廣告製作、診所（醫療機構限於合資）、經濟貿易諮詢和企業管理諮詢等在內的多種行業。 |
| | 同左 |

## 例子

陳生、陳太是退休人士，陳生退休前是中學電腦科教師，陳太是家庭主婦，喜愛下廚。

他們在香港有一個自住單位，跟兒子同住。兒子下年度就會結婚，新抱將會搬進他們單位居住，故此他們打算明年騰出單位，讓兒子及新抱居住。

他們打算在大灣區找一個單位居住，陳生也希望在大灣區發展他的電腦服務事業（例如維修電腦、公司防毒系統及修復電腦資料等）。

他們看過幾個城市的樓盤，最後屬意中山石岐市的一個小區，小區內有住宅及公寓兩項選擇。住宅大約是 100 平方米的三房單位，售價需要 1,500,000 人民幣；公寓則面積較細，是大約 60 平方米的一房單位，售價大約 600,000 人民幣。

他們的退休金都能夠支付住宅或公寓的全部款項（他們不想做按揭）。

陳生、陳太在內地從未擁有任何的住宅。大家有甚麼意見給予他們？

按陳生陳太的例子，他們有以下情況或要求：

1. 他們並沒有子女需要在內地讀書，所以購買住宅作為學位房的因素可以撇除。

2. 陳太喜歡下廚，商住公寓一般不能有明火煮食，但可以使用電爐煮食，這也是他們選擇住宅或商住公寓的考慮因素。
3. 陳生想在內地創業，所以若購買公寓，他可以以下舖上居的形式註冊一個電腦服務為營業範圍的公司。陳生在內地可以註冊兩種類型的公司：個體戶或外商投資企業。個體戶類似於香港的無限公司；個體工商戶可以從事的經營範圍包括零售、餐飲、電腦服務、廣告製作、診所、經濟貿易諮詢和企業管理諮詢等在內的多種行業。外商投資企業可經營的類別更多元化但註冊的要求及成本會較高。
4. 要考慮購入商住公寓的契稅會較高，須以標準稅率 3% 支付契稅（較以優惠稅率 1% 支付住宅的契稅為高），故購入住宅連契稅的總價為 1,515,000 人民幣；購入公寓連契稅的總價為 618,000 人民幣。
5. 如果他們需要做按揭，公寓的首期為 50%，按揭利率都較住宅利率為高。不過他們不打算做按揭，會以全額支付房價，所以按揭因素可以撇除。
6. 住宅是三房單位，平時他們兩夫婦用一個房間已足夠，騰出的兩個房間只會留待兒子和新抱來探望及招待親戚朋友時偶爾用到。
7. 若購入公寓，往後他們的出售價高於 600,000 人民幣，將會承擔各種稅費（個人所得稅、增值稅、土地增值稅等等），但因為他們想把這個單位作為退休自用，所以出售的機會不大。

綜合以上分析，陳生、陳太在中山購入一個商住公寓是一個較佳選擇；陳生購入這公寓後可以商住兩用（以房產證登記的訊息為準），並且在中山註冊以電腦服務類別為經營範圍的公司（註冊個體戶或外商投資企業）。

# 4.4 居住權的設立及應用

居住權是甚麼概念，可能讀者也未聽過，現以例子給大家說明：

**例子**

陳先生今年 60 歲，他自小由一位順德工人桃姐照料，桃姐現時已經 80 歲，她沒有其他親人。

陳先生在 2000 年購入順德一套住宅。陳太在 2023 年去世了。陳先生是這個物業的唯一業權人。

他正找律師立遺囑，想將這個順德物業以遺囑的形式給他的兒子陳小文。

但他為了報答工人桃姐，想讓桃姐住在這個順德物業，直至百年歸老為止。因兒子陳小文與桃姐沒有太大接觸，陳生擔心他死後及陳小文繼承了物業單位後將桃姐趕走。

所以他找一位中國的律師定立一個居住權合同，讓桃姐可以免費住在這個單位內，直至桃姐過世。定立這份居住權合同，並由陳先生及桃姐雙方簽署後，需要在當地的不動產登記中心登記。

以上便是居住權的作用。

根據《民法典》三百六十六條：「居住權人有權按照合同約定，對他人的住宅享有佔有、使用的用益物權，（按：即可以使用及佔用）以滿足生活居住的需要。」

讀者可能會好奇，陳小文繼承了陳生的住宅後，他是這個單位的業權人，他可以趕走桃姐嗎？

如果這是一個有效的居住權，並且已在當地的不動產中心登記，這個居住權已發生效力，陳小文繼承陳生的住宅時也一併將這居住權承受。所以他不能趕走桃姐，或出租給別人住。

根據《民法典》三百七十條：「居住權期屆滿或者居住權人死亡的，居住權消滅。居住權消滅的，應當及時辦理注銷登記。」

故陳小文只能等待桃姐離世後，到當地的不動產登記中心注銷這個居住權，然後他才可以使用或出售這個物業。

# CHAPTER 5

# 賣出房產篇

# 5.1
# 出售流程及手續簡介

業主出售物業流程：

**委託地產代理 > 網簽 > 資金監管 > 繳納稅費 > 房產過戶 > 領取房產證 > 稅後房款匯出境**

## 一、委託地產代理

業主賣房時通常把房產通過地產代理出售；但是選擇地產代理時要格外注意，內地的房產代理公司眾多，建議選擇知名品牌及有實力的地產代理。

地產代理一般會收取賣家 1% 至 3% 的佣金，當然佣金費用可以和代理詳談。如果賣家已經找好了買家，或者賣給自己的親戚朋友，也可以不通過代理，自行辦理房產交易及交割。

## 二、網簽

房屋網簽，是指購房人和賣家簽訂合同後，到房產管理部門進行備案，房產管理部門將交易資訊公佈在網上並簽發網簽號。任何個人、單位或集體均能通過互聯網查詢該次房產交易資訊。房屋網簽是為了讓房地產交易更加透明化，防止開發商或地產代理將房屋一房多賣。

一般情況下，網簽是在線上網簽，但是買賣雙方**如果有一方是香港人，房管局會要求現場簽署網簽合同**。要求及資料包括：一、買賣雙方同時到場；二、雙方身份證及回鄉證；三、房產證正本；四、內地手機號碼。現場工作人員根據買賣雙方提供的資料，系統生成網簽合同。買賣雙方簽署完畢後，合同現場生效，即完成網簽備案。

## 三、資金監管

資金監管，也稱為第三方監管，**是一種保障房產交易安全的重要制度**。二手房交易中，買賣雙方通過銀行設立的專用帳戶進行資金劃轉，避免資金被挪作他用，確保交易順利完成。

資金監管是一種保障制度，沒有強制性，二手房買賣雙方可以根據需求選擇使用。買賣雙方可以自行約定選擇採用資金監管或放棄資金監管。資金監管銀行一般由買賣雙方商議決定選擇，大灣區部分城市是由當地房管局指定的銀行辦理監管帳戶，例如佛山順德的不動產登記中心，就指定在中國銀行順德分行辦理資金監管或放棄資金監管。

如果要放棄資金監管，需要買賣雙方帶上身份證、回鄉證及網簽合同，同時在銀行簽署放棄監管相關的約定書。如要採用資金監管安排，可按照以下步驟辦理：一、買賣雙方提供身份證、網簽合同，在銀行開立帳戶並約定監管條款及簽訂資金監管協議；二、銀行按照三方協議約定凍結監管帳戶；三、買賣雙方完成協議中的約定事項（主要是完成房產過戶後，銀行才劃轉監管資金至賣家帳戶）；四、銀行審核證明材料無誤後，辦理監管資金解凍、劃轉手續。

## 四、繳納稅費

通常房產交易過程中都會產生稅費，繳稅及過戶一般都在同一個政府辦事大廳（包括不動產登記中心及稅務部門）完成。

繳稅所需資料：一、網簽合同；二、雙方身份證、回鄉證；三、購房時取得的發票（增值稅發票或契稅完稅證明）。繳稅時若能提供當時購買房產的成本證明（增值稅發票或契稅完稅證明），則可以按照**據實徵收**，此次賣出價扣除購買成本為納稅依據，計算本次交易稅額。

倘若不能提供當時購買房產的成本證明（增值稅發票或契稅完稅證明），業主可在稅務局申請調檔（房產業主帶身份證及房產證在稅局查詢購入房產時檔案），稅務局如有存檔就可列印出檔案（查詢時間兩個工作天），當作購入成本，適用據實徵收。假如稅務局也查詢不到檔案，則適用**核定徵收**。稅務局將按照核定稅率徵收所有本次交易所涉及的稅種。具體的稅費及稅率詳見本章 5.2 至 5.4 節。

## 五、房產過戶

過戶是指通過買賣獲得房產，到不動產登記中心辦理的房屋產權變更手續，即產權轉移從賣方變更為買方名下的過程。

房產過戶所需資料：

❶ 房地產轉移登記申請表（在不動產登記中心現場可以索取）；
❷ 申請人（買賣雙方）身份證明；
❸ 原賣家的房產證；
❹ 房地產網簽買賣合同書；
❺ 納稅相關證明材料。在稅務部門完稅的，提供完稅證明及原一手發展商提供的購房增值稅發票。

## 六、領取房產證

一般過戶手續完成後，5 個工作天內即可領取新的房產證。領取房產證可選擇現場領證或通過郵寄方式領取。現場領證需要產權人攜帶身份證明及過戶回執（憑證）領取。

## 七、稅後房款匯出境

詳見 5.5 節討論。

# 5.2 出售予第三者所涉及的稅費（能提供購房發票）

## 個人出售住宅

個人出售住宅一般涉及到**土地增值稅**、**增值稅**、**個人所得稅**和**印花稅**。

根據《中華人民共和國土地增值稅暫行條例實施細則》（財法字〔1995〕6 號），個人出售住宅**免徵土地增值稅**，《財政部 國家稅務總局關於印花稅若干政策的通知》（財稅〔2006〕162 號）表明，個人出售住宅**免徵印花稅**。

所以針對個人出售住宅給第三者，賣方只需要繳納**增值稅**和**個人所得稅**。

然而，持有住宅滿兩年出售時，可以免徵增值稅。持有滿 5 年，且屬於家庭唯一住宅時也可享受免徵個人所得稅的優惠政策。持有的時間年限從取得房產證時計算，而不是以與發展商簽署購房合同或住進房屋時間為准。見以下圖表說明：

| 稅種 | 身份 | 類別 | 稅率 | 備註 |
|---|---|---|---|---|
| 增值稅 | 賣方 | 不滿兩年 | 5% | 根據財政部等三部門發佈《關於促進房地產市場平穩健康發展有關稅收政策》於 2024 年 12 月 1 日起執行的政策 |
| | | 滿兩年 | 免徵 | |
| 個人所得稅 | | 不滿五唯一 | 20% | 《國家稅務總局關於明確個人所得稅若干政策執行問題的通知》國稅發〔2009〕121 號 |
| | | 滿五唯一 | 免徵 | |

需要注意的是，住宅如果持有不滿 2 年而賣出，則需要按照賣出價格 5% 繳納增值稅（以賣出價為計稅基準，購入成本不作扣除），但是個人所得稅可以扣除購入成本。

例子

陳先生在深圳有一個唯一的住宅物業，已經取得房產證 3 年，購入時 300 萬人民幣，目前市價 350 萬人民幣，現以 350 萬人民幣出售。

出售住宅時，賣家需要繳納的稅費有增值稅和個人所得稅。

但由於陳先生持有房產證已經滿 3 年，符合滿兩年優惠政策，可以享受增值稅免徵。

個人所得稅方面：（350-300）×20%=10 萬。陳先生只需要繳納 10 萬人民幣的個人所得稅。

## 個人出售非住宅（如公寓、商舖、寫字樓）

個人出售非住宅並不能享受和住宅同樣的契稅優惠，沒有免稅，也沒有優惠稅率。所以涉及到的稅費都要繳納，且按照標準稅率。賣出時，會根據賣方能否提供購房發票及稅票而分為兩種計稅方式：**據實徵收**和**核定徵收**。具體涉及的稅種及稅率參考下圖：

| 計稅方式 | 身份 | 稅種 | 公式 | 備註 |
| --- | --- | --- | --- | --- |
| 據實徵收（能提供購入的發票或契稅完稅證明） | 賣方 | 增值稅 | （銷售收入 - 成本價）x 5% | 〈納稅人轉讓不動產增值稅徵收管理暫行辦法〉 |
| | | 城建稅 | 增值稅 x 7% | 以增值稅額為納稅依據 |
| | | 教育費附加 | 增值稅 x 3% | 以增值稅額為納稅依據 |
| | | 地方教育費附加 | 增值稅 x 2% | 以增值稅額為納稅依據 |
| | | 個人所得稅 | （銷售收入 - 成本價）x 20% | 《國家稅務總局關於明確個人所得稅若干政策執行問題的通知》國稅發〔2009〕121 號 |
| | | 印花稅 | 銷售收入 x 0.05% | 《財政部 國家稅務總局關於印花稅若干政策的通知》（財稅〔2006〕162 號） |
| | | 土地增值稅 | （銷售收入 - 成本價）x 適用稅率 | 《財政部 國家稅務總局關於土地增值稅若干問題的通知》（財稅〔2006〕21 號） |

## 土地增值稅累進稅率表

| 級數 | 增值額與超過扣除項目金額的比率 | 適用稅率 |
|---|---|---|
| 1 | 不超過 50% 的部分 | 30% |
| 2 | 50% 至不超過 100% 的部分 | 40% |
| 3 | 100% 至不超過 200% 的部分 | 50% |
| 4 | 200% 起的部分 | 60% |

**按：**

土地增值稅實行四級超率累進稅率：

❶ 增值額未超過扣除專案金額 50% 的部分，稅率為 30%。

❷ 增值額超過扣除項目金額 50%、未超過扣除專案金額 100% 的部分，稅率為 40%。

❸ 增值額超過扣除項目金額 100%、未超過扣除專案金額 200% 的部分，稅率為 50%。

❹ 增值額超過扣除專案金額 200% 的部分，稅率為 60%。

徵收土地增值稅：居住滿 3 年而未滿 5 年的，減半徵收土地增值稅。居住未滿 3 年的，按規定計徵土地增值稅。在部分城市，稅局亦可以按核定利潤的方法去徵收土地增值稅，但這視乎個別稅局最後決定。

以上表格説明能提供當時購房的發票或完稅憑證時的涉稅情況，即賣出的時候可以確認其購入成本，那便可以**據實徵收**（即可以扣除成本後剩餘的增值部分才需要繳稅）。如果因地產市場不佳，確實需要以低於購入價出售，那麼就不用再交增值稅、個人所得稅、土地增值稅、增值稅附加，只要繳納印花稅（但如果出售價偏離當期的市場價太多，稅局有權調整出售價以計算各種稅費）。所以當賣方以虧損情況下出售非住宅房產時，並能提供當時購入的價格憑據，以據實徵收方法亦能省下一大筆稅費成本。

從以上表格可以看出，出售非住宅時，所涉及到的稅費繁多。

# 5.3 出售予直系親屬所涉及的稅費

直系親屬是指：配偶、父母、子女、祖父母、外祖父母、孫子女、外孫子女及兄弟姐妹。稅務局政策規定，房產買賣在直系親屬之間可以**平手轉讓**（轉讓價格和原先購買價相同），賣方可以按照當時買入的價格賣給直系親屬一方。所以直系親屬間平手轉讓，不會產生增值部分，即無論是住宅還是非住宅都不會產生增值稅、個人所得稅及土地增值稅，**只需要繳納契稅及印花稅**。

留意大灣區部分城市的稅局，要求由香港律師樓出具公證書，以證明買賣雙方的直系親屬關係，才同意直系親屬間以平手轉讓房產。

## 以平手轉讓住宅／非住宅物業給直系親屬的買賣雙方成本表

<table>
<tr><th>稅種</th><th>身份</th><th>屬性</th><th>類別</th><th>稅率</th><th>備註</th></tr>
<tr><td rowspan="3">契稅</td><td rowspan="3">買方</td><td>公寓</td><td></td><td>3%</td><td>公寓無優惠</td></tr>
<tr><td rowspan="2">住宅</td><td>小於 140 平方米</td><td>1%</td><td rowspan="2">根據財政部等三部門發佈《關於促進房地產市場平穩健康發展有關税收政策》於 2024 年 12 月 1 日起執行的政策</td></tr>
<tr><td>大於 140 平方米</td><td>1.5%</td></tr>
<tr><td rowspan="2">印花稅</td><td rowspan="2">買方、賣方</td><td>公寓</td><td></td><td>0.05%</td><td rowspan="2">《財政部 國家税務總局關於印花税若干政策的通知》(財税〔2006〕162 號)</td></tr>
<tr><td>住宅</td><td></td><td>免</td></tr>
</table>

### 例子

港人陳先生於 2007 年在中山市（那時候還沒有限購政策）買了一個 120 平方米的住宅單位，購入價 80 萬人民幣，如今市值 160 萬人民幣。現他想將單位轉給兒子，需要交哪些稅費（假設兒子在內地並沒有持有住宅物業）？

陳先生轉給其兒子，屬於直系親屬間的轉讓，所以可以平手轉售（當時的購入價 80 萬人民幣）給兒子。因沒有增值額，所以增值税、個人所得税、土地增值税都為 0；而住宅又免徵印花税，所以陳先生把房產轉讓給兒子毋須繳納任何税費。

至於陳先生兒子作為受讓方，只需要繳納契税。因為是直系親屬，可以按照成本價 80 萬人民幣轉讓，契税也能享受優惠税率 1%。即契税是：

¥800,000 x 1% = ¥8,000

以上例子可以看出，直系親屬之間的房產轉讓税費很低，最重要的原因是直系親屬間的轉讓可以按照平手價轉讓，而且受讓人在內地若是首套 / 二套置業及住宅少於 140 平方米，還可以享受優惠税率，按 1% 交納契税（契税的説明詳見 3.4 節）。

## 平手轉讓及贈與直系親屬的比較

若是直系親屬轉讓財產，除了可以平手轉讓的方式，亦可通過贈與給予直系親屬。以下分析有關優劣。

### A. 以贈與方式將內地房產給直系親屬

原則上，這個受益人是需要按財產的市值繳納 20% 個人所得税。但因為是直系親屬的贈與，可以免除個人所得稅。部分大灣區的城市要求需要有由香港律師樓出具公證書，證明雙方親屬關係才可豁免這個人所得稅。不過，受益人仍然要**按 3% 的標準稅率交納契稅**。

除此以外，若受益人往後打算出售這個受贈與的房產，由於他受贈時是無償取得房產，成本為零，出售時就要以房屋的全款為基準，徵收（20% 的）個人所得稅。

留意 5.2 節曾提及，取得房產證後兩年可以免增值稅，以及「滿五唯一」可以免個人所得稅。所以如果受贈人獲得受贈房產 5 年後才出售有關住宅，就可以免了這些增值稅、土地增值稅及個人所得稅等稅項。

請注意，如果是受贈**公寓**就沒有以上的稅務優惠。受贈多少年後出售的成本都是零，受贈人再出售就要交納高昂的各種稅項。

另外，如果贈與人（Donor）是港人，他這個贈與交易會受制於香港的《破產條例》（第 6 章）第 49 條、第 51 條和 51A 條；根據這些條款，香港法院可應破產受託人（俗稱清盤人）的申請，**撤銷**在提交破產申請之前的 5 年內以低於一般價值而訂立導致債務人（即贈與人）被判定破產的交易（包括贈與）。法院可發佈命令，將狀況恢復到贈與人未進行該交易時的狀況。

例子

陳女士有感年事已高，想將其在深圳的住宅贈與兒子。他們均為港人。陳女士在 2025 年初完成這個贈與行動，並將房產證轉為兒子的名字。這個就是親屬的贈與交易，可以免除增值税、土地所得税及個人所得税的税項。

但他兒子仍然需要交納 3% 的契税。

陳女士的兒子可以在獲得贈與房產的 5 年後，正式向第三者出售這個物業。即使該物業是無償贈與獲得（成本是零），按照現行滿五唯一的政策，如他在 2031 年向第三者出售，他亦可以免除增值税、土地增值税及個人所得税等主要税項。

**B. 平手轉讓給直系親屬**

除了税項支出，決定採用贈與還是平手轉讓給直系親屬，還得考慮資金安排問題。

例子

周先生於 2016 年在佛山以 1,000,000 人民幣購入一個 90 平方米的住宅。有感年事已高，他想在 2025 年平手轉讓給兒子周小春。周先生在佛山的不動產中心完成了這個平手轉讓手續（即以成本價賣給兒子的交易）。因為是平手轉讓，所以並沒有增值稅、土地增值稅及個人所得稅的產生。

兒子周小春按成本價 1,000,000 人民幣的 1% 交納契稅，並且房產證的業權人亦都轉為他的名字周小春。

但有一點注意：周先生以平手價 1,000,000 人民幣賣給兒子，法律上兒子周小春是債務人，他是需要向周先生支付 1,000,000 作為購入房產的對價（Consideration）。如果周小春只是交了契稅，並且辦理了房產證在其名下，其實周小春仍然是欠他父親 1,000,000 房價款：周先生是債權人，周小春是債務人。如果周先生因為做生意或者做擔保人而被銀行追討欠款，銀行是有權越過周先生直接找周小春要求償還這 1,000,000 的債務。

如果周先生不急於要求兒子清償這房價款，可以等待周小春取得房產證 5 年之後出售這個住宅，因為按第

5.2 節所述「滿五唯一」政策，出售這個唯一住宅 5 年後可以免除增值税、土地增值税及個人所得税等税項，周小春可以把收到的房價款用來清還欠父親 1,000,000 房價款。

將房產平手轉讓或贈與的方法給予下一代，哪個方法更佳？

其實要視乎每個家庭的情況，結合税費、資金安排等考慮。當然直系親屬間物業的安排或傳承除了以上兩個方法，還可通過遺囑（平安紙）的方式傳承給下一代。有關遺囑詳細解說及手續，讀者可參考筆者另一本著作：《香港人在大灣區之遺產繼承一本通》（萬里機構，2024 年）。

# 5.4 出售物業所涉及的稅費（沒有購房稅票的情況下）

通常情況下，業主都會保存當時購入房產稅票及完稅憑證。倘若丟失，不能提供當時購買房產的成本證明（增值稅發票或契稅完稅證明）時，稅務局可以協助業主調檔（調出購房時在稅務系統登記的購房稅票及完稅資訊）。房產業主需要帶身份證及房產證在稅局查詢，稅務局如有存檔，便可列印出檔案。（稅務局通常存有當時購入房產的檔案；除非年代很久遠，稅務局有機會無法查找）。

在有購房稅票的情況下，這個稅票上的房價就可以作為購入成本，適用**據實徵收**。假如稅務局也查不到檔案，則適用**核定徵收**。如果出售房產時不能提供當時買房的發票或完稅憑證，即賣出的時候不能確認其購入成本，那麼就只能核定徵收。核定徵收是以賣出的價格乘以核定稅率來計算稅費。如果是虧損賣出物業，但是又不能提供購入發票及完稅證明的，要以賣出價乘以核定稅率繳納增值稅、附加稅、個人所得稅、土地增值稅、印花稅等。也就是說就算平手價或虧損賣出，以上這些稅費依然需要繳納。

所以業主在取得房產證後，不僅要好好保存房產證，**還要妥善保存購入的增值稅發票及交完契稅後的完稅證明**，避免將來在賣房時無法提供購入的成本證明，導致交易稅費成本增加。

<table>
<tr><th>計稅方式</th><th>物業屬性</th><th>身份</th><th>稅種</th><th>公式</th><th>備註</th></tr>
<tr><td rowspan="9">核定徵收（不能提供購房稅票或契稅完稅證明）</td><td rowspan="7">公寓</td><td rowspan="9">賣方</td><td>增值稅</td><td>銷售收入 x 5%</td><td>〈納稅人轉讓不動產增值稅徵收管理暫行辦法〉</td></tr>
<tr><td>城建稅</td><td>增值稅 x 7%</td><td>以增值稅額為納稅依據</td></tr>
<tr><td>教育費附加</td><td>增值稅 x 3%</td><td>以增值稅額為納稅依據</td></tr>
<tr><td>地方教育費附加</td><td>增值稅 x 2%</td><td>以增值稅額為納稅依據</td></tr>
<tr><td>個人所得稅</td><td>銷售收入 x 3%</td><td>《國家稅務總局關於明確個人所得稅若干政策執行問題的通知》國稅發〔2009〕121 號</td></tr>
<tr><td>印花稅</td><td>銷售收入 x 0.05%</td><td>《財政部 國家稅務總局關於印花稅若干政策的通知》（財稅〔2006〕162 號）</td></tr>
<tr><td>土地增值稅</td><td>銷售收入 x 5%</td><td>《財政部 國家稅務總局關於土地增值稅若干問題的通知》（財稅〔2006〕21 號）</td></tr>
<tr><td rowspan="2">住宅</td><td>增值稅（不滿兩年）</td><td>銷售收入 x 5%</td><td>根據財政部等三部門發佈《關於促進房地產市場平穩健康發展有關稅收政策》於 2024 年 12 月 1 日起執行的政策</td></tr>
<tr><td>個人所得稅（不滿五唯一）</td><td>轉讓所得 x 1%</td><td>《國家稅務總局關於明確個人所得稅若干政策執行問題的通知》國稅發〔2009〕121 號</td></tr>
</table>

例子

2016 年陳先生在佛山南海區向發展商一手購買一個 100 平方米的公寓單位，購入價 90 萬人民幣。陳先生在 2024 年出售該單位時，發現發展商提供的購房稅票不見了，最終成交價為 100 萬。他需要交甚麼稅？

出售時無法提供購入發票及其他成本證明，在繳稅時可透過稅務局申請調檔找出原購房發票記錄：

**A. 假如稅務局系統找不到當時購房稅票**

則購入房產的成本不能抵扣，所以只能**核定徵收**。需要繳納增值稅、增值稅附加、個人所得稅、土地增值稅和印花稅。稅額如下（以萬為單位）：

增值稅額 =100x5%=5

附加稅 =5x（7%+2%+3%）=0.6

個人所得稅 =100x3%=3

印花稅 =100x0.05%=0.05

總計需要繳納 8.65 萬人民幣稅款。

**B. 假如稅局保存有當時購房稅票記錄**

則購入房產的成本能抵扣，可以適用**據實徵收**，其購入價格 90 萬可以抵扣。需要繳納增值稅、增值稅附加、個人所得稅、土地增值稅和印花稅。稅額如下（以萬為單位）：

增值稅額 =(100-90) x 5% =0.5

附加稅 =0.5 x (7%+2%+3%) =0.06

個人所得稅 = (100-90) x 20% =2

印花稅 =100 x 0.05%=0.05

總計需要繳納 2.61 萬人民幣稅款。

# 5.5
# 出售物業後款項轉回香港的手續

香港業主在出售大灣區物業時，都會考慮到一個問題：我的房子賣出去了，可是賣房款還在境內，不知道怎麼轉回香港？筆者經過與內地多家銀行諮詢核實，現時賣家是港人的情況下，賣房款是可以順利轉回香港的。總結出以下資料清單[1]：

❶ 本人的有效身份證件（身份證、回鄉證）；
❷ 商品房轉讓合同及登記證明文件；
❸ 雙方的存量房交易稅費申報表（此表可以在賣房交納稅費時一併向當地稅局申請列印，見後頁二圖）；

1 審核材料（均為原件）通常在房產所在地的銀行，或客戶接收賣房款戶口所在地的銀行辦理（客戶需要查詢其開戶行有關匯款安排）。

**存量房交易税费申报表(转让方)**

| 房屋信息 | | | | | | | |
|---|---|---|---|---|---|---|---|
| 房源编号 | | 不动产单元代码 | | 不动产权证号码 | | 房屋地址 | |
| 是否普通住房 | 否 | 权属转移对象 | 非住房 | 权属转移方式 | 买卖(包括作价投资入股、偿还债务等应交付经济利益的方式) | 建筑面积 | |
| 评估价格(不含税) | ***** | 土地增值税扣除成本(录入零视为无原值) | | 个人所得税扣除成本(录入零视为无原值) | | | |
| 交易信息 | | | | | | | |
| 合同编号 | | 合同金额 | | 合同签订日期 | 2024-07-29 | 合同金额是否含税 | 否 |
| 交易面积 | | 申报日期 | 2024-07-29 | 权属登记日期 | | | |

| 转让方信息 | | | | | | | | | | | |
|---|---|---|---|---|---|---|---|---|---|---|---|
| 纳税人识别号 | 名称 | 身份证件种类名称 | 身份证件号码 | 共有方式 | 上次取得房屋时间 | 上次取得房屋方式 | 上次取得房屋成本 | 转让方套次 | 本期是否适用小微企业"六税两费"附加减征政策 | 本期是否适用小微企业"六税两费"印花税减征政策 | 联系方式 |
| | | 港澳居民来往内地通行证 | | | 2023-08-24 | 买卖 | | 其他 | 是 | 是 | |
| …… | | | | | | | | | | | |

| 转让方税款信息 | | | | | | | | |
|---|---|---|---|---|---|---|---|---|
| 纳税人名称 | 征收项目 | 计税依据 | 减除项 | 税率(征收率) | 应纳税额 | 减免税额 | 小微企业"六税两费"减征额 | 本期应补(退)税额 |
| | 增值税 | | | 0.05 | | 0.00 | | |
| | 土地增值税 | | | 0.30 | | 0.00 | | |
| | 个人所得税 | | | 0.20 | | 0.00 | | |
| | 城市维护建设税 | | | 0.07 | | 0.00 | | |
| | 印花税 | | | 0.0005 | | 0.00 | | |
| | 教育费附加 | | | 0.03 | | 0.00 | | |
| | 地方教育附加 | | | 0.02 | | 0.00 | | |
| …… | | | | | | | | |
| 金额小计 | — | — | — | — | | | | |

| | | | | | |
|---|---|---|---|---|---|
| 纳税人声明：以上申报情况真实、准确，如有虚假，愿承担由此引发的一切税收法律责任 | | | | | |
| 转让方（代理人）签章 | | | 申报日期 | 2024-07-29 | |
| 受理人 彭颖琪 | 受理日期2024-07-29 | | 复核人 | [illegible]颖瑜 | 复核日期 2024-07-29 |
| 受理税务机关 盖章 | 国家税务总局佛山市顺德区税务局第一税务分局 | | | | |

存量房交易稅費申請表（轉讓方）

存量房交易税费申报表(承受方)

| 房屋信息 | | | | | | | |
|---|---|---|---|---|---|---|---|
| 房源编号 | | 不动产单元代码 | 44060 | 不动产权证号码 | | 房屋地址 | |
| 评估价格(不含税) | | 权属转移对象 | 作住房 | 权属转移方式 | 天类(包括作价投贷入股、偿还债务等应交付经济利益的方式) | 建筑面积 | 31.72 |
| 交易信息 | | | | | | | |
| 合同编号 | | 合同金额 | | 合同签订日期 | 2024-07-29 | 合同金额是否含税 | 否 |
| 交易面积 | 15.86 | 申报日期 | 2024-07-29 | 权属登记日期 | | | |

| 承受方信息: | | | | | | | |
|---|---|---|---|---|---|---|---|
| 纳税人识别号 | 名称 | 身份证件种类名称 | 身份证件号码 | 共有方式 | 承受方套次 | 本期是否适用小微企业“六税两费”印花税减征政策 | 联系方式 |
| | | 港澳居民来往内地通行证 | | 50.0% | 其他 | 是 | |

| 承受方税款信息: | | | | | | | | |
|---|---|---|---|---|---|---|---|---|
| 纳税人名称 | 征收项目 | 计税依据 | 税率(征收率) | 应纳税额 | 其他减免扣除金额 | 减免税额 | 小微企业“六税两费”减征额 | 本期应补(退)税额 |
| | 契税 | 95,000.00 | 0.03 | 2,850.00 | 0.00 | 0.00 | 0.00 | 2,850.00 |
| | 印花税 | 95,000.00 | 0.0005 | 47.50 | 0.00 | 0.00 | 23.75 | 23.75 |
| | | | | | | | | |
| 金额小计 | -- | --- | --- | 2,897.50 | 0.00 | 0.00 | 23.75 | 2,873.75 |

纳税人声明：以上申报情况真实、准确，如有虚假，愿承担由此引发的一切税收法律责任。

| 承受方 签章 | | | | |
|---|---|---|---|---|
| 受理人 | 受理日期 | 2024-07-29 | 复核日期 | 2024-07-29 |
| 受理税务机关 签章 | 国家税务总局佛山市顺德区税务局第一税务分局 | | | |

存量房交易稅費申請表（承受方）

❹ 如委託他人辦理，應提供經公證的授權書及受託人的有效身份證明；

❺ 房屋產權已轉移至買方的新房產證副本，或房地產交易中心出具的交易中心不動產查詢單，或者其他能夠核實產權已經過戶給到對方的證明（哪一種證明文件視乎匯款銀行的要求）。這部分的證明文件需要新買家的配合，賣家最好在買賣過程談判中預先提及。

# 佛山市（顺德区）不动产登记信息查询结果

重要说明：本查询结果涂改、复印无效；本结果不作为权利凭证，仅供参考，最终以实体档案为准。查询人对本查询结果负有保密义务，如给当事人造成损失及其他后果，查询人应负完全责任。**查询结果不包括已签合同未登记发证数据。**

单位：元、平方米

| 查询结果编号 | | | | 查询人 | | |
|---|---|---|---|---|---|---|
| 坐落 | 广东省 | | | | | |
| 不动产单元号 | | | | | | |
| 地号 | | | | | | |
| 权利情况 | | | | | | |
| **权利人** | 证件类型 | 证件号码 | 占有份额 | 权证类型 | 权利证号 | 取得方式 |
| | 港澳台身份证 | | 单独所有 | 不动产权证 | | 购买 |
| 房屋建筑结构 | 钢筋混凝土结构 | | | 房屋总层数 | | |
| 房屋建筑面积 | | | | 房屋套内建筑面积 | | |
| 独用土地面积 | / | | | 共用土地面积 | | |
| 权利类型 | 国有建设用地使用权/房屋所有权 | | | 权利性质 | 出让/市场化商品房 | |
| 土地/房屋用途 | 批发零售用地，住宿餐饮用地，商务金融用地，其他商服用地/商业、金融、信息 | | | | | |
| 土地使用期限 | 批发零售用地：2072年06月09日止；住宿餐饮用地：2072年06月09日止；商务金融用地：2072年06月09日止；其他商服用地：2072年06月09日止； | | | | | |
| 登记日期 | 2024-07-31 | | | | | |
| 权利状态相关情况 | 有效。 | | | | | |
| 抵押情况 | | | | | | |
| 无 | | | | | | |
| 查封等限制情况 | | | | | | |
| 无 | | | | | | |
| 预告登记情况 | | | | | | |
| 无 | | | | | | |
| 备注 | 归档号：/竣工时间：/ | | | | | |
| 查询目的 | 此表仅作银行汇款使用 | | | | | |



打印人：　**廖卓雅**　　　打印时点：　2024年10月18日11时01分32秒

第1页，共1页

查询编

佛山市（順德區）不動產登記信息查詢結果

❻ 銷售不動產的統一發票（即由稅局開出給賣方所賣出房價的證明稅票）；

❼ 賣方繳納稅金的單據憑證（即完稅憑證）；

❽《服務貿易等項目對外支付稅務備案表》。此部分由賣方完成交易後自行在廣東電子稅務局辦理網上申報，然後把以上備案表提交至銀行審核，通過後再去銀行辦理境外支付。

服务贸易等项目对外支付税务备案表

| | | | | |
|---|---|---|---|---|
| 境内支付人 | 机构名称或个人名称 | | 统一社会信用代码 | |
| | 地址或住址 | 广东省 | | |
| | 付汇银行行政区划 | 广东省 | 付汇银行 | 中国银行 |
| | 银行网点 | 中国银行 | 付汇账号 | |
| | 联系人 | | 联系电话 | |
| 境外收款人 | 名称 | | 所属国家或地区 | 中国香港特别行政区 |
| | 地址 | | 境内外机构是否关联 | 是 |
| | 收汇银行 | 香港汇丰银行 | 收汇账号 | |
| 合同名称 | | 佛山市存量房买卖合同 | 合同编号 | |
| 合同总金额(或支付标准) | | 95000.00 | 合同币种 | 人民币元 |
| 已付金额 | | 0.00 | 已付币种 | 人民币元 |
| 本次付汇金额 | | 95000.00 | 本次付汇币种 | 人民币元 |
| 合同执行期限 | | 2024-07-29至 | 付汇日期 | 2024-09-06 |

《服務貿易等項目對外支付稅務備案表》

# CHAPTER 6

# 與物業相關的重要課題

# 6.1 港人借名購入內地房產的風險

## 借名購入內地房產的風險

港人在內地買樓，有時可能會讓內地的親戚代買入（另一種說法是：由香港實際持有人出錢，並且讓內地親戚代買入或代持有這個房產）。究竟這樣做有甚麼風險？內地是否認可這種房產代持有事宜？以下有一案例，可供參考：

**案例**

借他人名義購房後，由於名義人的債務糾紛，房屋被法院查封，實際購房者可否申請排除法院執行（拍賣）？

## 案號：最高人民法院（2020）最高法民再328號民事判決書

### 背景

2012年12月20日，徐某與曾某簽訂《房產代持協議》，協定約定：案涉房屋所有權、使用權、收益權、處分權等一切權利均屬於徐某；徐某（實際出資及實際產權持有人）以曾某（代持有人，即房產證登記他的名字為所有權人）名義簽訂案涉購房合同及其他相關配套法律檔，交房時案涉房屋的房產證、土地使用證登記在曾某名下；曾某僅代徐某持有房產，並不享有任何權利，未經徐某書面同意，曾某不得單方處分房產。

2014年4月25日，某銀行借款給企業A，其中曾某作為擔保人之一。其後企業A不能還款，銀行拍賣曾某名下的房產（即代徐某持有的房產）。

2016年10月17日，徐某提起執行異議之訴（即反對之訴訟）。

最高人民法院經再審，認為在基於部分城市房價、地價出現過快上漲勢頭，國務院在2010年4月17日發佈《國務院關於堅決遏制部分城市房價過快上漲的通知》（國發[2010]10號），該通知授權「地方人民政府可根據實際情況，採取臨時性措施，在一定時期內限定購房套數」；不同城市貫徹落實該通知要求而提出有關具體限購措施的文件，係依據上述國務院授權所作，符合國家宏觀政策精神和要求。

徐某在當時已有兩套住房的情況下仍借曾某之名另行買房，目的在於規避國務院和北京市的限購政策而獲取額外不當利益。司法對於此種行為如不加限制而任其氾濫，則無異於縱容不合理住房需求和投機性購房快速增長，鼓勵不誠信的當事人通過規避國家政策紅線獲取不當利益，不但與司法維護社會誠信和公平正義的職責不符，而且勢必會導致國家房地產宏觀調控政策落空，阻礙國家宏觀經濟政策落實，影響經濟社會協調發展，損害社會公共利益和社會秩序。

## 判決

故最高人民法院判決如下：徐某與曾某為規避國家限購政策簽訂的《房產代持協議》因違背公序良俗而應認定無效，徐某依據規避國家限購政策的借名買房合同關係，不能排除對案涉房屋的執行（即徐某不能提出異議反對銀行執行曾某名義上持有的房產）。

## 學習之處

1. 為規避國家限購政策簽訂的《房產代持協議》，因違背公序良俗而應認定無效。

2. 除了《房產代持協議》不能違背國家政策而簽訂外，實質持有人需要保留各項手續檔案（購房及按揭供款的資金支出證明）、簽訂書面《房產代持協議》並約定清楚相關內容。

3. 若已經取得房產證，實際持有者為防止代持人私下出售房產，最好也自己保留房產證的正本，以減低代持人私下出售或抵押風險。

4. 若實質持有人想將房產證上產權人轉回自己的名義，筆者在2024年12月向深圳不動產中心查詢，深圳不動產中心**只會根據二手房買賣、房產贈與或繼承三種情況下，變更房產證上所有權人名字**。所以就算持有有效的《房產代持協議》，並不能辦理變更房產證上產權人的手續。若真有需要將房產證上的產權人名字變更回實質持有人，請諮詢相關專業人士。

# 6.2 有關物業管理的問題（屋苑飼養寵物及公共維修的問題）

這章節我們討論有關物業管理的問題。很多香港人都會養寵物；如果在內地購房飼養寵物，有甚麼要求呢？如果寵物咬傷了人，飼養人會承擔甚麼責任？請見以下討論。

## 屋苑飼養寵物及相關手續、法律責任

日常生活中常見的寵物，例如狗、貓都可以在自有屋苑內飼養，同時在一定條件下可以帶入公共場所，惟需要滿足各城市關於某具體寵物飼養的各類行政規章或其他規範性文件。

以深圳市人大常委會制定的《深圳市養犬管理條例》為例，養犬類寵物需要完成養犬登記、免疫檢疫和遵從城管規定等：

❶ 養犬登記：需要養犬人具有完全民事行為能力和固定住所，且獨戶居住；向主管部門申請養犬登記；

禁止飼養烈性犬；飼養兩隻以上犬，還需出具居委會或業委會同意飼養的證明。主管部門發佈養犬登記證及號牌，辦理犬隻的電子檔案。

❷ 免疫檢疫：養犬人應當按照有關規定，將其飼養的犬隻送動物防疫機構注射狂犬病疫苗，取得犬隻疫苗證明。

❸ 戶外活動管埋規定：犬隻進行戶外活動時，應當由成年人簽領，為犬隻攜帶號牌、束鏈，遵守城市關於衞生、安全、環保等各項管理規範。

有關飼養寵物造成侵權責任，根據《民法典》第一千二百四十五條：「飼養的動物造成他人損害的，動物飼養人或者管理人應當承擔侵權責任；但是，能夠證明損害是因被侵權人故意或者重大過失造成的，可以不承擔或者減輕責任。」

所以如果寵物咬傷別人，飼養人會承擔侵權責任，但如果是對方挑釁狗隻形成的，飼養人可以不承擔或者減輕責任；當然飼養人亦要做好管理犬隻的最低要求，例如有狗繩，狗隻帶有口罩等。

留意根據《民法典》第一千二百四十七條，烈犬是不容許飼養的，如果飼養人飼養烈犬，在任何情況之下咬傷別人都要承擔侵權責任。

## 如何使用住宅專項維修資金和物業維修基金

在 3.4 節說明購入房產時，買家需要支付維修管理基金；在深圳是包含在每月管理費內支付，其他大灣區城市則是一次過支付（大約佔樓價的 1%），這其實也是不少的金額。那麼業主支付了這些維修管理基金後，物業管理公司在甚麼情況下有權動用這些維修管理基金呢？住宅專項維修資金如何使用？

這些維修基金是屬於專款專用，而且需要**通過兩個三分之二才可以動用**：住宅專項維修資金列支範圍[1]內專有部分，佔建築物總面積三分之二以上的業主且佔總人數三分之二以上的業主討論通過使用建議；而在支付方面，專戶管理銀行將所需住宅專項維修資金劃轉至維修單位。

不過，內地不同地區和城市會根據各自制定行政規章及行政規範性文件，以具體規範物業維修資金的籌集、管理、使用和監督；讀者在購入房產時，可留意跟物業管理公司簽訂的物業管理合同。

1 列支範圍是指法律明確規定允許使用維修資金的維修、更新和改造項目範圍。具體包括：住宅共用部位、共用設施設備保修期滿後的維修和更新改造；但業主專有部分維修（如室內裝修）以及日常小修維護費用，並不包括在專用維修基金的使用範圍內。

# 6.3 關於土地使用權到期的討論

關於土地使用權到期後的續期處置規則，根據《民法典》第三百五十九條【建設用地使用權的續期】:「住宅建設用地使用權期限屆滿的，自動續期。續期費用的繳納或者減免，依照法律、行政法規的規定辦理。非住宅建設用地使用權期限屆滿後的續期，依照法律規定辦理。該土地上的房屋以及其他不動產的歸屬，有約定的，按照約定；沒有約定或者約定不明確的，依照法律、行政法規的規定辦理。」

房屋的所有權是永久的，沒有任何期限限制，也就是說，只要房產還存在，個人就擁有該房產的所有權。

我們常說的「70 年產權」，指的是住宅的**土地使用權**。土地是國家所有，個人享有使用權，但有期限限制的，一般而言，住宅土地使用權是 70 年，公寓或寫字樓土地使用權是 40 年。

土地使用權類似我們香港俗稱的地塊或者地皮，如果說土地使用權 70 年期，即是內地政府批予這塊地皮的使用權是 70 年期。

## 住宅建設用地使用權續期

讀者或會有疑問，如果那土地使用權在 70 年後到期，是否連我在地皮上的住宅也收歸國有？

當然不是，如上文所述，根據《民法典》第三百五十九條，**住宅的土地使用權期限屆滿是自動續期的**。當然此條款留了一條尾巴：「續期費用是繳納或者豁免，依照法律、行政法規的規定辦理。」

所以土地使用權（地皮）的年期屆滿，地皮上的住宅單位不會被收歸國有，但有關續期土地使用權（地皮）就有可能要繳納相關的費用，至於到時是豁免或是一次性繳付土地使用權的續期費用，或分期支付土地使用權的費用（分期支付土地使用權的費用類似於香港每季度支付予香港政府的差餉及地租）就要看往後的發展。

參照深圳市規劃國土委 2016 年 4 月 18 日發佈的《關於我市土地使用權續期有關規定的說明》，深圳市政府針對過去不同年份通過劃撥或出讓方式而即將到期的 20

年或 30 年建設用地使用權進行了延期，部分出讓的土地使用權**採取一次性補齊延期的土地出讓金**。關於 70 年產權的住宅建設用地使用權，目前全國人大常委會或國務院尚未通過立法或發出行政法規的方式進行細化規定，深圳市政府也尚未有具體指引。

## 非住宅建設用地使用權續期

根據《民法典》第三百五十九條第 2 款，規定了「非住宅建設用地使用權期限屆滿後的續期，依照法律規定辦理。」該法律規定主要是指《城市房地產管理法》第 22 條及《土地管理法》第 58 條第 1 款第 2 項的規定，根據該兩條規定，**非住宅建設用地使用權續期採取申請報批模式**，即業主應當至遲於期限屆滿前 1 年報請原出讓土地的土地管理部門批准，政府原則上應批准續期申請（除非因公共利益需要收回土地並作出賠償）。解讀此條文，非住宅（包括公寓、寫字樓及商舖等）之土地使用權到期，業主應該主動向有關土地管理部門申請延期，並且需要支付續期的土地使用權出讓金。

所以，住宅或非住宅的土地使用權到期後都可續期，最大分別是住宅是自動續期，而非住宅類是要期滿前一年業主主動申請續期。

# 6.4 意定監護的問題（類似香港的持久授權書）

可能有讀者聽過「持久授權書」(Enduring Power of Attorney)，這概念在香港正在推廣：根據香港法例第 501 章《持久授權書條例》，持久授權書容許授權人(Donar，即打算將其權力授予其他人的人)在精神上有能力行事時，委任受權人(Attorney)，以便在授權人日後變得精神上無行為能力時，受權人可照顧其財務事項。

原來這種概念在 2021 年頒布的《民法典》內亦有推行，內地稱之為「**意定監護**」。

根據《民法典》第三十三條：「具有完全民事行為能力的成年人，可以與其近親屬、其他願意擔任監護人的個人或者組織事先協商，以書面形式確定自己的監護人，在自己喪失或者部分喪失民事行為能力時，由該監護人履行監護職責。」

筆者在 2024 年 12 月曾經走訪大灣區內數個城市的不動產登記中心及公證機關，雖然《民法典》在 2021 年已頒佈設立意定監護權的條文，但這方面的概念及業務仍然很新，他們均表示未曾辦理過。但客戶如有需要，仍可在清醒和有行動能力的情況下，預先聯絡公證處及設立有關這個預先的監護及有關範圍的合同。

要留意一點，內地公證處表示有關意定監護範圍內的資產，**只能是內地的資產**，不能包括香港的資產。

另外公證處公證意定監護合同，是屬於公證一個委託合同的概念。故原則上如果一個香港人陳大文在深圳、中山及廣州均有房產，他可以找任何內地的公證處公證其意定監護合同，而不限於在房產所在地的公證處。

那麼，一個合法有效的香港持久授權書（若包含處理內地的房產），可否應用於內地？

筆者先簡介一個有效的香港持久授權書，需要有以下特質：

在持久授權書內，授權人（Donar）明確指明受權人（Attorney）有權處理的具體事宜、資產或財務事項。例如：授權人可決定受權人只可以有權處理某一特定銀行戶口或某一特定物業。授權人不可以概括地給予受權人權力，以涵蓋全部資產和財務事項或賦予受權人財產及財政事務以外的其他權限；註冊醫生必須核證及信納授權人在簽署持久授權書時，「是精神上有能力行事的」；律師見證簽署持久授權書必須核證「授權人看似是精神上有能力行事的」。受權人必須在切實可行的範圍內盡快完成該項授權的文書註冊。這個持久授權書註冊制度，由香港高等法院司法常務官管理。

那麼，一個香港合法有效的持久授權書，可否在內地應用，以省卻在內地再做一份意定監護文書？有關這個問題，我們分別查詢了香港數位資深律師及內地幾個城市的公證處，他們均表示這是個前沿的問題，亦表示未曾辦理過。

在可遇見將來，更多的香港居民會購置內地物業以作居住及退休之用；筆者希望內地和香港的政府能協調一個有效及包含內地房產的香港持久授權書，可適用於內地，以便更能保障往後在內地生活或退休的香港市民。

# CHAPTER 7

# 案例

# 案例一：香港／內地銀行的融資及成立外商投資企業

## 背景

胡先生今年45歲，在香港有一間小食店（以有限公司經營），另外他在深圳也經營一家茶餐廳（以他個人全資擁有的外商投資企業）。

鑒於北上的人越來越多，他決定在廣州再開設一家茶餐廳，並在廣州新成立一間外商投資企業公司；起動資金大約要1,800,000人民幣，他自己能拿出400,000人民幣，所以想通過銀行借款1,400,000人民幣。

他在香港的小食店（有限公司），每年營業額大約600萬港幣，連續2年税後利潤都超過約800,000港幣。深圳現時的茶餐廳營業額每年大約4,000,000人民幣。每年銀行對賬單顯示的收入（流水）大約4,000,000人民幣，税後利潤大約400,000人民幣。

他媽媽（胡老太）現時63歲。1995年胡老太在廣州越秀區購入一個 120 平方米的住宅，當年的售價為 200 萬人民幣，現在市值大約 600 萬人民幣並且無抵押。現在胡老太已退休，並沒有收入，她有一半時間在這住宅居住，亦會住到百年歸老。

胡老太也支持胡先生在廣州擴充茶餐廳的業務，故願意抵押自己的房產給銀行，甚或有需要的情況下，把業權轉到兒子名下（胡老太未決定是用平手轉讓或贈與方式）。胡先生十分感謝胡老太願意拿出物業協助他向銀行借款融資，但胡先生並不想年邁的胡老太仍要背負債務，所以有關向銀行再融資，他只會以自己本人或其公司作為借款人。

胡先生在內地沒有持有住宅物業。

胡先生自己在香港小食店公司的工資為年薪 600,000 港幣，在深圳的茶餐廳則沒有領取工資。

胡老太及胡先生均為香港人。

# 案例分析

## 以現契抵押（再融資）給香港或內地銀行的要求及條款

### 香港銀行要求及條款

香港銀行只接受各自**名單上的樓盤**作抵押。借款人為提供押品物業的業主。貸款額為物業估值約五至六成，最高為 1,000 萬港幣（當然這個也受制於押品的價值及借款人的供款能力），利率 P-1.75% 至 2.1%，年期由 20 至 30 年或業主年齡加樓齡不超過 75 年（其中樓齡不可以多於 40 年）；一般情況下，如在按揭期首 3 年內，提早贖回會有罰息。與內地銀行最大的不同之處是，貸款沒有用途限制；放款及還款地亦是在香港。

### 內地銀行要求及條款

內地銀行只接受以**住宅**作為再融資物業，借款人需要為內地的公司並以經營貸形式貸款，經營貸最高貸款額為物業估值的七成，最長貸款期限是 10 年，每 3 年需要重新續約。利率會因銀行、貸款期限、借款人本身還款能力、公司經營的業務及擔保方式等因素而有所不同，經營貸利率約在 2.8% 到 3.7% 之間。而且由於銀行要求借款人以公司名義貸款，所以貸款的用途限制了只能用於公司日常經營使用，而放款及還款地是在內地。

## 建議一：以胡老太物業向香港銀行申請再融資貸款

### 第一步：業權轉讓

這個案例的癥結是：香港銀行要求借款人為提供押品物業的業主，但胡先生不想胡老太背負債務。是以胡老太可以有兩個方法把業權轉到兒子名下，讓胡先生以自己本人或其公司作為借款人。第一個方法是贈與，第二個方法是平手轉讓。

#### 1. 贈與

先不談兩個方法的稅費。胡老太及胡先生均為香港人，銀行是不會接受5年內受贈的物業作為抵押品。因為如果贈與人（Donor）是香港人，他這個贈與交易會受制於香港的破產條例（第6章）第49條、第51條和51A條；根據這條款，香港法院可應破產受託人（俗稱清盤人）的申請撤銷在提交破產申請之前的5年內以低於一般價值而訂立導致債務人（即贈與人）被判定破產的交易（包括贈與）。法院可發佈命令，將狀況恢復到贈與人未進行該交易時的狀況。在這個案例上，贈與的方法不可行。

### 2. 平手價轉讓給兒子

胡老太以成本價賣給兒子胡先生，然後胡先生以新業主的身份向銀行申請貸款。

這個操作會牽涉到交納 1% 的契稅（即兩萬人民幣）。這是因為胡老太把物業給兒子胡先生，是直系親屬間的平手轉讓，而胡先生在內地沒有持有住宅物業；若受讓人（胡先生）在內地是首套 / 二套置業及住宅少於 140 平方米，根據財政部等三部門發佈《關於促進房地產市場平穩健康發展有關稅收政策》於 2024 年 12 月 1 日起執行，胡先生可以**按 1% 優惠稅率交納契稅**。

但有一點注意：胡老太以平手價 2,000,000 人民幣賣給兒子胡先生，原則上胡先生是債務人，他是需要給予胡老太 2,000,000 人民幣作為購入房產的代價（Consideration）。如果胡先生只是交了契稅，並且辦理了房產證在其名下，其實胡先生仍然是欠胡老太 2,000,000 房價款：胡老太是債權人，胡先生是債務人。

大灣區部分城市的稅局，在直系親屬間轉讓房產情況下，要求由香港律師樓出具的公證書以證明買賣雙方的直系親屬關係，才同意直系親屬間以平手（成本價）轉讓房產。這個亦產生公證費的支出。

### 第二步：申請貸款

貸款申請人必須是擬抵押物業的業主，物業轉至胡先生名下後，貸款申請由胡先生向銀行提出。假設銀行估價為市值（600 萬人民幣）九成；最高貸款額為物業的六成約為 324 萬人民幣（約等值 356 萬港幣，當然貸款額仍會受制於供款比例因素）。

收入供款比例少於 50%。胡先生的年薪是 60 萬港幣，供款期為 30 年的話，他最高可負擔的貸款額約 548 萬港幣。陳先生的工資為 5 萬元，在沒有其他私人債務的情況下，每月最高還款額為 25,000 港幣。假設胡先生最終向銀行借款 140 萬人民幣或等值 154 萬港幣（匯率約 1.1），3.625% 厘及以最短還款期 20 年計算，每月須還款約 9,100 港幣。在這情況下，胡先生仍然有足夠收入去申請這筆貸款。這個方法牽涉到的支出包括平手轉讓的契稅兩萬元，另有香港銀行的手續費以及香港和內地律師費大約 3 至 4 萬港幣，亦有由香港律師樓出具親屬關係公證書的公證費。

## 建議二：以胡老太物業向內地銀行申請再融資貸款

以內地公司的名義去申請經營貸，一般銀行要求提供抵押物業的業主是**借款公司的法人、大股東或其直系親屬**。留意大部分銀行只接受同城抵押（例如提供深圳物業為抵押品及借款人為深圳公司），但亦有部分銀行接受跨城抵押（例如提供廣州物業為抵押品但借款人為深圳公司）。以下幾個因素銀行會總括考慮：

❶ 物業的市價；
❷ 公司的銀行流水（即內地企業在銀行的收支情況）；
❸ 公司稅後的淨利潤。

先以胡老太的物業市值作考慮。假設銀行估價約九成，單純以物業估值計可借最高七成，最高貸款金額即約 378 萬人民幣；再考慮胡先生的深圳餐廳的財務狀況：400 萬人民幣銀行流水及 40 萬的稅後利潤，假設貸款額為 140 萬人民幣，利息為 3.7% 及 10 年年期，每月供款約 1.4 萬人民幣。綜合考慮押品抵押率只為 23.3% 及公司的經營狀況，很大機會銀行會批出這個經營貸。

由於胡老太並不是胡先生深圳餐廳的法人或實益擁有人，而且胡老太的物業在廣州，若胡先生要考慮在內地貸款，便需要選擇同時願意作跨城抵押，以及接受提供抵押物業的業主是借款公司大股東直系親屬的銀行。

## 綜合分析

看看胡先生向香港或內地銀行再融資的比較：

| | 香港銀行 | 內地銀行 |
|---|---|---|
| 申請借入金額 | ￥1.40m | ￥1.40m |
| 利率 | 3.625% ~ 4.025%（假設 3.825%） | 2.8% ~ 3.7%（假設 3.25%） |
| 還款期 | 20 ~ 30 年（假設 25 年） | 10 年 |
| 假設每月還款估算 | 約 ￥7,255 | 約 ￥13,680 |
| 放 / 還款地 | 香港 | 內地 |
| 抵押內地 / 香港銀行 | 香港銀行 | 內地銀行 |
| 借款人 | 胡先生[1] | 胡先生全資擁有的深圳餐廳（外商投資企業）[2] |
| 律師費 | 約 ￥38,000 ~ ￥43,000 | 沒有 |
| 手續費 | 約 ￥14,000（一些銀行會豁免，有些則收取約 1%） | 普遍沒有 |
| 估價費 | 約 HK$10,000（￥9,000）內，有些銀行則豁免 | 約數千至一萬人民幣，或有些銀行豁免 |

1 貸款審批把借款人（胡先生）的收入、物業抵押成數納入考慮。

2 貸款審批把借款人（深圳餐廳）營業額、銀行流水、資金需求及物業抵押成數納入考慮。

| 其他手續 | 由於香港銀行要求借款人及業主必須是同一人，故此在香港借款前，胡老太需要以平手價（￥2M）轉讓給胡先生，當中會牽涉 1% 契稅（即 ￥20,000）。讀者亦需要注意胡老太以平手價轉讓給其兒子胡先生，在法律上胡先生是欠胡老太房價款 ￥2M。 | 沒有 |
|---|---|---|

**建議一的分析**

考慮到胡先生想在廣州開設一家新的外商投資企業，**而外商企業的註冊資本必須從境外匯入到內地才可以**。故此胡先生先要考慮放款地的問題，亦即是只能在香港的銀行以現契套現（再融資）方式申請貸款。

成功批核後香港的借款銀行會存入該貸款到借款人（胡先生）個人的香港戶口，胡先生再把貸款由香港匯到廣州成為新外商投資的起動資金（註冊資本）。

這個方法的手續比較複雜，首先要將胡老太物業平手轉給胡先生；全部過程的公證費、手續費及利率均較高但貸款期較長。

當決定了在香港貸款，胡先生需要向銀行查詢抵押的物業是否名單上（On List）的物業。每間銀行的名單各有不同，所以需要向不同銀行查詢是否接受該物業作抵押。

**建議二的分析**

如果胡先生不堅持一定要在廣州成立外商投資企業，他以深圳茶餐廳（以他全資擁有的外商投資企業）在廣州成立一個分公司，就可以避免從境外匯入註冊資本的問題。

這樣他就可用深圳茶餐廳向內地銀行借到的1,400,000人民幣劃撥到廣州開立分公司（見後頁示意圖）。

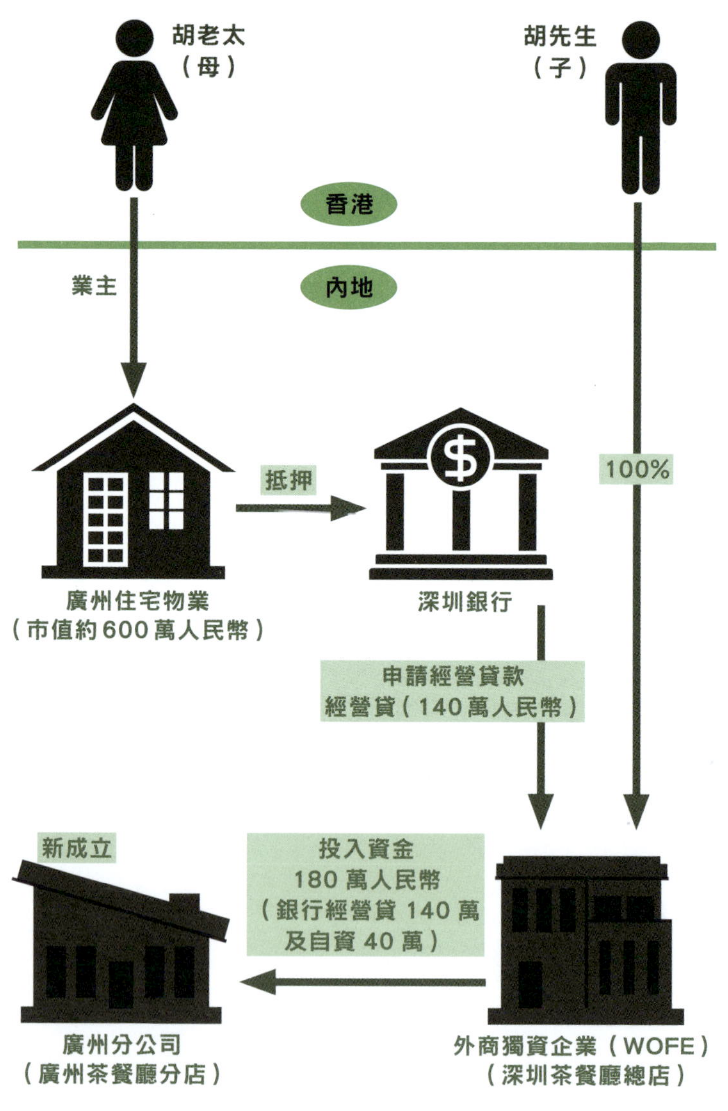
胡老太
（母）
胡先生
（子）
香港
內地
業主
抵押
100%
廣州住宅物業
（市值約600萬人民幣）
深圳銀行
申請經營貸款
經營貸（140萬人民幣）
新成立
投入資金
180萬人民幣
（銀行經營貸140萬
及自資40萬）
廣州分公司
（廣州茶餐廳分店）
外商獨資企業（WOFE）
（深圳茶餐廳總店）

# 案例二：出售房產各項稅費及匯回香港的手續

**背景**

陳女士是香港人，在 2012 年時她向一個香港發展商在順德購入兩個三房的高級住宅，每個單位面積為 150 平方米；當時每個售價 2,700,000 人民幣。

當時陳女士是通過找換店匯款到內地支付房價（陳女士已沒有當時找換店匯款的憑證了）。陳女士知道房產證很重要，所以她把房產證放在保險箱內，但其他當時購買資料的文件及憑證就沒有再保留了。

2013 年陳女士另在深圳以 800,000 人民幣購入一個公寓單位，面積為 60 平方米，現在市值大約 3,000,000 人民幣，當時是通過銀行每天匯 8 萬元人民幣，連續 10 日匯到內地發展商的戶口，所以是有銀行的匯款憑証。另外她在 2015 年已取得這個公寓的房產證，她亦保留了發展商給她的購房發票。

現在陳女士在香港營運的生意需要一筆資金，她在順德的住宅單位現時每個市價約 2,800,000 人民幣，她想賣掉其中一個順德住宅以及深圳的公寓，餘下的一個順德住宅不出售，作退休自用。

## 一、陳女士賣掉順德的住宅，需要繳交多少稅？

由於陳女士當年購入房產時只保留了房產證，並未保留原一手發展商提供的購房增值稅發票和契稅完稅證明，所以需要在稅務局申請調檔（調出購房時在稅務系統登記的購房資料）。假設有如下兩種情況：

### A. 稅務局有存檔

可以列印當時購入的一手發展商提供的購房增值稅發票和契稅完稅證明，則按照**據實徵收，購入的成本可以抵扣**。那麼稅費如下：

❶ 增值稅：因陳女士是 2012 年購入順德住宅的，房產持有超過兩年，所以免徵增值稅。因增值稅為 0，附加稅同樣為 0。

❷ 個人所得稅：陳女士雖持有房產超過 5 年，但不是唯一住房，即不能享受個人所得稅免徵優惠。個人所得稅 =（¥2,800,000-¥2,700,000）×20%=¥20,000。

❸ 土地增值稅：根據《中華人民共和國土地增值稅暫行條例實施細則》（財法字〔1995〕6 號），個人出售住宅免徵土地增值稅。

❹ 印花稅：《財政部 國家稅務總局關於印花稅若干政策的通知》（財稅〔2006〕162 號）表明個人出售住宅免徵印花稅。

**B. 稅務局沒有存檔**

若無法尋回當時購入的一手發展商提供的購房增值稅發票和契稅完稅證明，則按照**核定徵收，購入的成本不可以抵扣**。那麼稅費如下：

❶ 增值稅：因陳女士是 2012 年購入的，房產持有超過兩年，所以免徵增值稅。因增值稅為 0，附加稅同樣為 0。

❷ 個人所得稅：陳女士雖然持有房產超過 5 年，但是不是唯一住房，即不能享受個人所得稅免徵優惠。個人所得稅 =￥2,800,000×1%=￥28,000。

❸ 土地增值稅：根據《中華人民共和國土地增值稅暫行條例實施細則》（財法字〔1995〕6 號），個人出售住宅免徵土地增值稅。

❹ 印花稅：《財政部 國家稅務總局關於印花稅若干政策的通知》（財稅〔2006〕162 號）表明個人出售住宅免徵印花稅。

若稅局能找到陳女士當年購房的購房發票，陳女士所交的個人所得稅為 20,000 人民幣；若稅局找不到存檔，則陳女士需要支付個人所得稅 28,000 人民幣。

## 二、陳女士賣掉深圳的公寓，需要繳交多少稅？

陳女士公寓的購房發票都保留好了，那麼按照據實徵收來繳納相關稅費。具體稅費如下：

❶ 增值稅：（￥3,000,000-￥800,000）×5%=￥110,000
❷ 增值稅附加：￥110,000×（7%+3%+2%）=￥13,200
❸ 個人所得稅：（￥3,000,000-￥800,000）×20%=￥440,000
❹ 土地增值稅：按《土地增值稅暫行條例》的規定，土地增值稅實行四級超率累進稅率。

陳女士當時購入公寓的成本是800,000人民幣，現時出售價為3,000,000，增值額為2,200,000，並分為四級計算稅率。土地增值稅的稅額總值為1,040,000人民幣。見下表說明：

| 售價 | 3,000,000.00 |
|---|---|
| 成本 | 800,000.00 |
| **增值額** | **2,200,000.00** |

| 級數 | 增值額與超過扣除項目金額的比率 | 增值部分 | 適用稅率 | 土地增值稅 |
|---|---|---|---|---|
| 1 | 不超過 50% 的部分 | 400,000.00 | 30% | 120,000.00 |
| 2 | 50% 至不超過 100% 的部分 | 400,000.00 | 40% | 160,000.00 |
| 3 | 100% 至不超過 200% 的部分 | 800,000.00 | 50% | 400,000.00 |
| 4 | 超過 200% 的部分 | 600,000.00 | 60% | 360,000.00 |
| | | **2,200,000.00** | | **1,040,000.00** |

❺ 印花稅：￥3,000,000 x 0.05% = ￥1,500

陳女士出售深圳公寓後所交的稅款總額為 ￥1,604,700，佔了其售價 300 萬人民幣的 53%。

## 三、陳女士賣掉順德住宅及深圳公寓後，因為順德住宅不是通過銀行匯款購入，賣掉這個住宅後能否把款項匯回香港？而深圳公寓因為正式通過銀行的途徑匯款購入，是否賣掉單位後就可以將買樓款匯回香港？有關匯款回香港手續如何？

陳女士賣掉她的順德住宅及深圳公寓後，通常在房產所在地銀行，或客戶接收賣房款戶口所在地的銀行辦理境外支付備案。材料及流程如下：

❶ 本人的有效身份證件（身份證、回鄉證）；
❷ 商品房轉讓合同及登記證明文件、合同公證書；
❸ 雙方的存量房交易稅費申報表（此表可以在賣房交納稅費時一併向當地稅局申請）；
❹ 如委託他人辦理，應提供經公證的授權書及受託人的有效身份證明；

❺ 房屋產權已轉移至買方的新房產證副本，或房地產交易中心出具的交易中心不動產查詢單，或者其他能夠核實產權已經過戶給到對方的證明（哪一種文件視乎匯款銀行的要求）；這部分的文件需要新買家的配合，陳女士最好在買賣過程談判中預先提及；

❻ 銷售不動產的統一發票（即由稅局開出給陳女士所賣出房價的證明稅票）；

❼ 陳女士繳納稅金的單據憑證（完稅憑證）；

❽《服務貿易等項目對外支付稅務備案表》，此部分由陳女士完成交易後，自行在廣東電子稅務局辦理網上申報，然後把以上備案表提交至銀行審核。

以上材料銀行審核通過後，銀行會聯繫匯款人帶齊身份證、回鄉證以及匯款銀行卡和收款銀行卡至銀行辦理境外匯款。

# 案例三：購入二手樓的注意事項及開立監管戶口

**背景**

周先生是香港人，打算在中山買樓作退休自住。他屬意中山石岐區一個二手住宅單位，面積 90 平方米，售價 700,000 人民幣。原業主是一位中山人。他們約定定金為 20,000 人民幣，網簽時再付首期 140,000，餘額 540,000 在簽訂網簽合同後 14 日內支付。他們約定首期及餘額都先放在監管戶口內。周先生打算全額支付房款，不做按揭，他在內地的人民幣戶口有約 200,000 存款，首期他可以直接在內地支付，尾數則需要從香港匯入內地。

另外周先生的孫子在 2025 年剛出生，兒子及媳婦也是在中山創業及居住，所以孫子有可能在 6 年之後需要在中山報讀小學。

周先生在內地沒有持有住宅。

## 一、周先生買入這二手住宅，有甚麼要注意？

❶ 查驗《不動產權證》及向賣家核實房產上設立的抵押、租賃、居住權等權利情況，要求賣方在房產過戶登記前解除房產上的抵押等權利。如果出現居住權的情況，最好避免購入這類物業。

❷ 查清房產上欠費情況。賣方拖欠的物業維修基金、有線電視、固話、寬頻、物業費、水費、電費、燃氣費等各項費用也需在房產交割前繳清。

❸ 查清房產上登記的戶口、學位是否已被佔用及佔用到哪一年。

按照此案例資料，周先生買入二手房可按以下流程進行交易：

**簽署購房協議及支付定金、草擬及簽定合同 > 網簽備案及開立資金監管戶口 > 內地支付首期至監管戶 > 繳納稅款 > 支付尾款至監管戶 > 房產過戶 > 領取新房產證**

## 二、周先生買入這房產要交多少種稅？稅費是多少？

周先生作為購買方，只需要繳納契稅。由於周先生目前在內地沒有房產，而這次是他第一套住宅，屬於家庭第一套房，且面積少於 140 平方米，根據財政部等三部門發佈《關於促進房地產市場平穩健康發展有關稅收政策》於 2024 年 12 月 1 日起執行，周先生可以享受 1% 的契稅優惠。

即契稅是：

￥700,000 x 1% = ￥7,000

## 三、內地的監管戶口是怎麼操作？

監管帳戶就是資金監管，也稱為第三方監管，是一種保障房產交易安全的重要制度。二手房交易中，買賣雙方通過銀行設立的專用帳戶進行資金劃轉，避免資金被挪作他用，確保交易順利完成。

開設監管戶沒有強制性，二手房買賣雙方可以根據需求選擇使用。考慮到周先生與賣家既不是親屬也不是很熟的朋友，所以雙方很有必要在銀行設立一個監管帳戶。

資金監管將按照以下步驟來辦理：1. 買賣雙方提供身份證件、所交易房產的副本，在銀行開立帳戶，約定監管條款及簽訂資金監管協議；2. 銀行按照三方協議約定凍結監管帳戶；3. 買賣雙方完成協議中的約定事項（主要是完成房產過戶後，銀行才劃轉監管資金至賣家帳戶）；4. 銀行審核證明材料無誤後（例如完成房產過戶後）才可辦理監管帳戶資金解凍以及劃轉至賣家的戶口手續。

## 四、怎樣把購房款匯至內地？

因周先生在內地的人民幣戶口有約 200,000 存款，定金為 20,000，另首期 140,000 人民幣，這兩筆款項可以直接在內地支付；留意首期款必須支付至買賣雙方約定的監管帳戶。

尾款方面，需要周先生從香港匯入至內地監管帳戶。周先生是香港人，從境外也可以轉帳至內地監管帳戶，他只需提供以下資料及辦理以下手續：

❶ 周先生給賣家支付定金 20,000，另首期 120,000 人民幣的轉帳憑證；

❷ 賣方給周先生開出的定金及首期收據；

❸ 房屋認購書網簽備案合同。賣家收到定金及首期後，雙方到當地不動產登記中心簽署一份房屋認購書網簽備案合同。

通常香港客戶可以憑藉以上 3 項資料從香港把購房款轉入到內地的同名帳戶，內地銀行會再將該筆款項匯到買賣雙方約定的監管帳戶。

## 五、怎麼申請房產證？

買賣雙方帶齊以下資料，同時到不動產登記中心辦理房產過戶：

❶ 房地產轉移登記申請表（在不動產登記中心現場可以索取）；
❷ 申請人（買賣雙方）身份證明；
❸ 原賣家的房產證；
❹ 房地產網簽買賣合同書；
❺ 納稅相關證明材料。在稅務部門完稅的，提供契稅完稅證明及賣家提供的購房增值稅發票。

通常提交以上資料 5 個工作天內，可以領取新的房產證。

# 案例四：代持物業風險

**背景**

港人陳先生在 2019 年看好深圳的物業市場，想購入深圳一個住宅，但因為深圳有限購，他沒有深圳的社保記錄，在當年是不能購入的；所以他找了身處內地的表弟張先生代購入一個羅湖二手的住宅單位（即房產的業權人是他表弟張先生），這個單位為 65 平方米，當年以 3,000,000 人民幣購入。

陳先生找了一位內地律師編製一個代持物業協議，並由此律師見證他及表弟簽署此代持協議。此外，陳先生為了保障自己，這個住宅的房產證保留在自己處。

後來他表弟在沒有通知陳先生的情況下，當了大學同學（周先生）一個商業貸款的擔保人，擔保金額為 2,000,000 人民幣。

後來周先生不能還款，銀行就查封並拍賣張先生名下的深圳住宅物業，陳先生了解之後立刻找內地的律師提出異議，反對銀行拍賣這個深圳住宅。

# 案例分析

## 陳先生反對成功的機會大嗎？

陳先生雖然找了內地律師見證他及表弟簽署有關房產代持合同，但因為在內地限購政策下，當時陳先生自己是沒有資格可以購入住宅單位的，這樣規避國家限購政策簽訂的《房產代持協議》，因違背公序良俗而應認定無效。故此他想反對銀行拍賣名義上由張先生持有的房產是不被法院接納的。

另外陳先生為了保障自己，防止其表弟張先生先私下出售房產，他自己已經把房產證的正本保留，以減低表弟私下出售或抵押房產風險。但因為其表弟張先生是以擔保人的資格擔保一個朋友的貸款，而張先生簽署擔保合同時並不需要正本的房產證，故此陳先生亦不知曉張先生簽訂擔保合同。

當張先生的同學周先生不能清還貸款下，銀行就要擔保人張先生承擔這筆貸款及有關利息。當張先生不能替其同學承擔還款責任時，銀行有權拍賣張先生名下的房產（銀行可以按張先生的身份證查察他在全國範圍內的房產）。

## 學習之處

這個案例學習之處，就是若違反法例、法規或其他政府政策下（即不符合公序良俗下），法院是不會支持房產代持協議的。

另外就算實際持有人十分小心將正本的房產證保留，但代持人可以擔保人的形式為朋友擔保其貸款，當主借款人不能清償貸款時，作為擔保人，其名下的房產就有機會被銀行拍賣（這點作為實際持有人是不能控制的）。

# 案例五：
# 買賣不破租賃、按份共有人的優先購買權及居住權的應用

**背景**

港人楊女士是退休人士，她在深圳及中山分別持有住宅。

深圳的住宅是楊女士於 2016 年單獨購入，當時的售價是 2,500,000 人民幣，大約 50 平方米，現時市值跟當年購入價沒有太大分別。現時深圳的住宅是楊女士及其兄長楊先生一起居住，楊女士和他兄長的感情十分要好。

中山的住宅位處石岐區，是 2017 年楊女士跟其姐姐以 3,800,000 人民幣按份共有購入，面積大約 138 平方米，現市值大約 3,500,000 人民幣。現時這個中山住宅出租予一家中山的公司作員工宿舍，租金每月約 4,000 人民幣。楊女士及其姐姐作為業權人，正式跟這

家中山公司簽署了租賃合同，年期為兩年並且交了印花稅。

楊女士的兒子（陳先生）是工商管理系碩士畢業生，現正做市場營銷的工作，他看好香港的夾公仔機市場，想在香港投資夾公仔機公司，舖位連裝修及備貨需要資金大約 150 萬港幣。楊女士愛惜兒子，所以同意出售中山的住宅（假設楊女士亦得到姐姐同意），給兒子資金去創業。

楊女士也有感自己年事已高，亦想將深圳的住宅贈與給兒子；但是因為她亦要顧念兄長楊先生，她希望物業贈與兒子後兄長仍可以無條件居住，直至過世。陳先生跟舅舅楊先生則關係疏遠。

由於中山的物業市道不太好，有一位楊女士退休前的工友願意以 3,500,000 人民幣購入其中山住宅，並在兩個月內支付款項。

這個中山住宅的租客得知楊女士有意出售後，同意以 3,500,000 人民幣並在兩個月內支付餘額。同一時間，楊女士的姐姐也同意以 1,700,000 人民幣購入妹妹的半份業權（支付期限可以商討）。

三位買家爭購中山住宅

楊女士
楊女士姐姐
（買家 3）
擬買入半份業權
按份共有
（半份）
按份共有
（半份）
香港
內地
出售
楊女士舊工友
（買家 1 ： 100% 業權）
現有租客：中山某公司
（買家 2 ： 100% 業權）
中山住宅

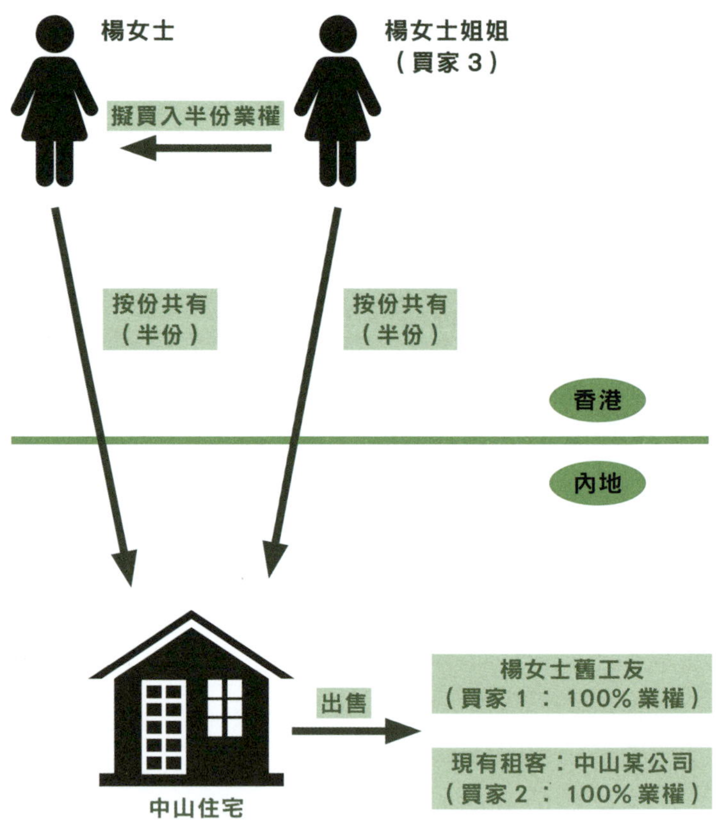

## 一、楊女士可以賣給哪一位？有甚麼建議及手續？

我們看看這個例子，現時共有 3 位買家爭購這個中山住宅物業：

買家一：楊女士舊工友，欲購入 100% 業權。

買家二：現有租客（中山公司），欲購入 100% 業權。

買家三：楊女士的姐姐，欲購入楊女士的半份業權。

他們所提出的價格均較原有的成本價 3,800,000 人民幣為低，所以這是一個虧損轉讓，並沒有增值稅、土地增值稅及個人所得稅的產生，只需買賣雙方按交易價的 0.05% 繳交印花稅。

我們了解楊女士及其姐姐持有這個物業是按份共有的，而且這個物業是屬於出租狀態，所以如果楊女士要出售整個物業，首先她也要得到姐姐同意出售這個物業給第三者（楊女士舊工友），但現有租客（中山公司）可否有優先購買權（即所謂「買賣不破租賃」）？

有關買賣不破租賃概念，根據《民法典》第七百二十五條規定：「租賃物在承租人按照租賃合同佔有期限內發生所有權變動的，不影響租賃合同的效力」；及根據《民法典》第七百二十六條：「出租人出賣租賃房屋的，應當在出賣之前的合理期限內通知承租人，承租人享有以同等條件優先購買的權利」；「出租人履行通知義務後，承租人在十五日內未明確表示購買的，視為承租人放棄優先購買權」。

即在二手買賣物業中，賣家出售物業予獨立第三方的情況下，**租客在同等條件之下有優先購買權**。同等條件包括：購房金額和支付時間。

按以上的分析，中山的公司（現有租客）在同等條件（價格及付款期限）下，可以有優先購買權，而中山公司提出的價格及支付時間亦與楊女士前工友提出的條件相同，所以楊女士**不能出售該物業給其舊工友，而要出售給現有租客**。

但這案例有一特別之處，就是現在楊女士的姐姐也想購入其妹妹的半份業權。

根據《民法典》三〇五條：「按份共有人可以轉讓其享有的共有的不動產或者動產份額。其他共有人在同等條件下享有優先購買的權利。」如果有關優先購買權的通知沒有定明期限，或記載的通知限期少於 15 日的，那麼法定的回覆限期是收到通知後 15 日內。

而根據《民法典》第七百二十六條下半段：「……但是，房屋按份共有人行使優先購買權或者出租人（即業主）將房屋出賣給近親屬的除外。」

這裏的近親屬包括：配偶、父母、子女、兄弟姊妹、祖父母、外祖父母、孫子女及外孫子女。所以若楊女士出售其半份的業權，**她姐姐作為近親屬以及另一按份共有人，有優先購買權購入楊女士的份額**（即另一按份共有人的優先權高於現有租客）。

讀者可能注意到楊女士姐姐是提出以1,700,000人民幣購入楊女士半份的份額，而現有租客提出的是3,500,000（半份份額即為1,750,000，高於楊女士姐姐提出的售價），但根據《民法典》七百二十六條，按份共有人仍然有優先權購入另一按份共有人的份額，這個是法律給予按份共有人優先轉讓給更親密的人（即其他按份共有人）的權利。

所以這個案例說明，轉讓份額給按份共有人或轉給直系親屬，是**不受買賣不破租賃所限制**的。在這個例子，楊女士最終可向其姐姐轉讓半份份額，得到1,700,000人民幣，以支持兒子創業。

## 二、楊女士想將深圳的住宅贈與兒子，但同時想確保其兄長楊先生能夠一直長久居住直至離世。有甚麼建議給楊女士？

楊女士在正式贈與其深圳住宅給兒子前，需要先辦理一個居住權合同。

根據《民法典》三百六十六條：「居住權人有權按照合同的約定，對他人的住宅享有佔有、使用的用益物權（按：即可以使用及佔用），以滿足生活居住的需要。」

楊女士可以找一位內地的律師或專業人士草擬一份居住權合同，由楊女士及其兄長楊先生雙方約定居住權的期限（例如到楊先生離世）及其他條款（例如業主不能出租，或楊先生作為居住權人不能再轉租）。經簽署後，需要在當地即深圳的不動產登記中心登記。

居住權經登記後，楊女士贈與深圳的住宅給兒子陳先生。因為屬於直系親屬間的無償贈與，可免徵增值稅、土地增值稅及個人所得稅，只需要按房產市值交納 0.05% 的印花稅；但為了證明楊女士及其兒子的親屬關係，深圳的稅局會要求楊女士及其兒子在香港找律師出具親屬關係的公證書。

作為受讓人，陳先生需要交納 3% 的契稅。

居住權設立

兒子陳先生
（新業主）
楊女士
楊女士先設立此住宅的
居住權予其兄長楊先生
楊女士其後贈
與物業給兒子
香港
內地
楊先生
深圳住宅
（現正由兄長楊先生居住）

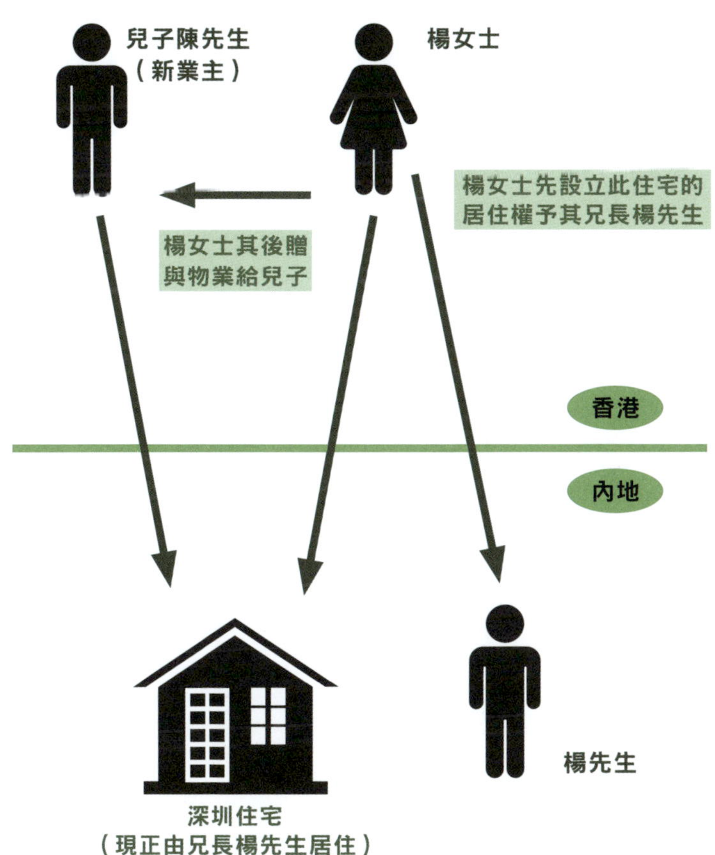

## 三、陳先生取得深圳住宅單位的業權後，他可以趕走其舅舅楊先生嗎？

根據《民法典》三百七十條：「居住權期屆滿或者居住權人死亡的，居住權消滅。居住權消滅的，應當及時辦理注銷登記。」

如果這是一個有效的居住權，並且已在當地的不動產中心登記，這個居住權已發生效力，陳先生不能趕走其舅舅楊先生或者出租給其他人住。

故陳先生只能等待其舅舅楊先生離世之後，到當地的不動產登記中心注銷這個居住權，然後他才可以出售或出租這個物業。

# 簡介買賣香港物業的流程

## 由律師處理

內地讀者請留意，在內地買賣物業不一定經由律師處理。唯在香港，物業買賣必須經律師處理。[1] 另外，香港物業買賣流程於一手樓及二手樓均有所不同。

## 購買一手住宅樓宅

買家選定發展商出售樓盤的一個單位（即內地稱一套房）後，要依據發展商的要求，提交支票作為小訂，金額是樓價的 3% 至 5%，發展商會跟買家簽訂正式買賣合約（在香港，習慣叫《正約》），此時買家要支付大訂，即樓價的 10%，這 10% 樓價可以包括已經支付的小訂，如果小訂已支付 3%，簽正約時就要付 7% 樓

1 香港現行的土地註冊制度是契約註冊制度（Deeds registration system），受《土地註冊條例》（第 128 章）（《土註條例》）規管。契約註冊制度規管已註冊文書的優先次序，但不提供物業業權的保證。根據《土註條例》，註冊文書不會賦予該文書任何法律效力。因此，即使已在土地登記冊上註冊為物業擁有人，法律上也未必是物業的擁有人，原因是其物業業權可能有瑕疵或不明確之處，或其業權可能受到其他未於土地註冊處備存的土地登記冊上註冊的人申索。（https：//www.landreg.gov.hk/tc/title/background.htm）

因此，在二手物業買賣交易上，所有交易都會通過律師，而且由買方律師去審核物業的所有以往契約是否有瑕疵。

而且，在香港無論是一手或二手的物業交易，亦會通過律師交收樓款、文件及所有契約。基於律師的在整個買賣交易的責任重大，是以處理樓宇交易的律師亦要購入專業責任保險。

價，即補充至 10% 樓價。這時買家就要找銀行做按揭(港人稱按揭為「上會」)；辦妥按揭手續及物業大契，買家就是單位業主，可以取得鎖匙入伙。買家大約一個月後就要開始每月供款予銀行。買家由簽正約開始，必須找律師處理所有交件。由於是一手樓宇買賣，買家可以委託發展商的律師共同辦理所有文件。不過，如果買家要得到獨立的法律意見保障自己，買家應該委託自己的律師辦理所有的文件及跟進法律程序。

另外，發展商為盡快銷售旗下物業，會透過物業經紀作為中介，向潛在買家推銷物業。如果購買的是預售套房(香港稱「樓花」，即未完工、未有「入伙紙」的建築中樓盤)，在選好套房後大約 1 至 3 天就要支付樓價的 3% 至 5% 作為小訂；隨後 5 個工作天內即要支付大訂，補充至樓價的 10%。之後，買家要跟發展商安排分期支付樓價，或跟銀行安排供樓按揭。到樓宇落成，有「入伙紙」時，買家就可以取得鎖匙入伙。非香港居民在購買住宅時，要留意樓宇按揭可以做到的最高按揭成數（見下文）。

## 購買一手樓的物業按揭

由 2024 年 10 月 16 日起，非香港居民購買住宅可以做樓價七成的按揭，例如樓價 800 萬港幣，最高可以借

70%，即 560 萬港幣做按揭。最高按揭供款與入息比例維持五成。例如，月入 8 萬元，每月最多還款 4 萬元。

## 購買一手樓的印花稅

印花稅在簽訂買賣物業文件 30 天內就要支付。實務上，當簽正約時，律師就會提醒及要求買家開出支票支付印花稅。

由 2024 年 2 月 28 日起，非香港居民購買香港物業的「新從價印花稅」稅率為 7.5%。至於合資格人士，例如高才通人士到港後，可以用「先免後徵」的方法處理，即先繳交較低的從價印花稅（由 100 元至樓價的 4.25% 不等），將來未能完成合資格人士的條件時才補交差額至 7.5%。至於以往徵收的買家印花稅及額外印花稅已經在 2024 年 2 月 28 日取消。

## 二手樓買賣

1. 由於香港與內地的住宅單位供應需求不一樣，兩地二手樓買賣的普遍性亦不一樣。在香港，二手樓與一手樓的物業買賣數目相若，並非一手樓的物業買賣佔大部分。
2. 絕大多數的二手樓交易都是經物業經紀介紹。當買家選定某區域及屋苑後，可以自行通過互聯網，致電或親身到物業經紀行聯絡物業經紀。內地買家要注意，物業經紀在買家參觀單位後，要簽一份俗稱「睇樓紙」的文件。一般睇樓紙寫明如果買家將在 3 個月內購買該單位，買家要支付該經紀佣金。因此，當買家參觀一個單位後，就不要經第二位經紀再參觀同一單位，否則就有可能要支付兩位經紀的佣金。

3. 當買家選定一個合適的住宅單位後，就要支付小訂，小訂金額為樓價的 3% 至 5%；為保障自己，買家可以要求律師託管小訂，同時買賣雙方要簽訂臨時買賣合約。同一時間，買家要委託律師辦理其後的所有文件及交易程序。要注意，由於是二手樓的物業買賣，買方及賣方必須各自委託律師處理物業買賣及交易程序。簽訂臨時買賣合約（臨約）之後大約 14 天，買方及賣方簽訂正式買賣合約（正約），買家要支付大訂，即樓價的 10%，這 10% 樓價可以包含已經支付的小訂，如果小訂已支付 5%，簽正約時要付 5% 樓價，即補充至 10% 樓價。即時買家就要找銀行做按揭；辦妥按揭手續及物業大契，買家就是單位業主，可以取得鎖匙入伙。買家大約一個月後就要開始每月供款予銀行。
4. 二手樓的物業按揭成數跟一手樓相同。
5. 二手樓買賣所要繳付的印花稅跟一手樓相同。

# 參考書目及資料


❶《中華人民共和國民法典》

❷ 李彬：《稅法（2023 註冊會計師全國統一考試應考指導》（汕頭大學出版社，2023）

❸ 陳弘毅、張增平、陳文敏、李雪菁：《香港法概論（第三版）（修訂版）》（三聯書店（香港）有限公司，2022）

❹ 曾憲義、王利明：《民法 第十版上冊（新編 21 世紀法學系列教材）》（中國人民大學出版社，2023）

❺ 曾憲義、王利明：《民法 第十版下冊（新編 21 世紀法學系列教材）》（中國人民大學出版社，2023）

❻ 舒丹、朱丹穎：《物業管理條例》（中國法制出版社，2024）

❼ 趙星海：《買房、租房糾紛律師答問（第二版）》（法律出版社，2024）

❽ 劉壽明：《房產糾紛、常用法律問答與典型案例》（中國法制出版社，2023）

❾ Ian Brown: *Conflict of Laws* (Second Edition). Old Bailey Press, 2001.

# 後記

本書由構思至落筆完成，大約花了大半年時間；在整個寫作過程中，我們團隊分別走訪了大灣區內不同城市，包括深圳、廣州及佛山等，實地考查在房地局和稅局等辦理買賣及繳納稅款等手續。我們並且訪問了香港及內地的銀行有關買樓匯款內地及賣樓匯款回香港的最新手續。

本書不只是買賣樓宇的一般手續簡介，並且詳細介紹買入樓宇之後怎樣活用；亦討論很多物業有關的前沿問題，包括：代持物業風險、設立居住權及意定監護權等。

在整個寫作過程中，我們也獲益良多，但難免仍有遺漏之處；所謂教學相長，讀者如有需要再作討論，可以聯絡我們：電郵：hkpeoplegba@gmail.com。

我們希望這本小冊子能作為讀者的物業工具書。

**伍國賢、周永勝會計師事務所有限公司**

# 買賣房產 一本通

編著
伍國賢大律師、周永勝會計師事務所有限公司

責任編輯
梁卓倫

裝幀設計
羅美齡

排版
楊詠雯

出版者
萬里機構出版有限公司
香港北角英皇道 499 號北角工業大廈 20 樓
電話：2564 7511　傳真：2565 5539
電郵：info@wanlibk.com
網址：http://www.wanlibk.com
http://www.facebook.com/wanlibk

發行者
香港聯合書刊物流有限公司
香港荃灣德士古道 220-248 號荃灣工業中心 16 樓
電話：2150 2100　傳真：2407 3062
電郵：info@suplogistics.com.hk
網址：http://www.suplogistics.com.hk

承印者
美雅印刷製本有限公司
香港九龍觀塘榮業街 6 號海濱工業大廈 4 樓 A 室

出版日期
二〇二五年四月第一次印刷

規格
特 32 開（208 mm × 142 mm）

**版權所有 · 不准翻印**

All rights reserved.
Copyright © 2025 Wan Li Book Company Limited.
Published and Printed in Hong Kong, China.

ISBN 978-962-14-7607-4

免責聲明
本書所提供的有關內地大灣區及香港房產物業買賣的資料，僅供參考之用，並不構成法律意見，如讀者及任何人士在粵港澳大灣區十一個城市買賣房產物業，必須遵守當地部門機構的法律法規要求，如果適用的話，亦要參考當地律師的意見。